Gabriele Klink

66 Bastelaufgaben mit Recycling-Material

Kreatives Gestalten mit alten Dosen, PET-Verpackungen & Co.

PERSEN

Die Autorin Gabriele Klink ist eine erfahrene Grundschullehrerin im Ruhestand.
Sie unterrichtete Sport, Schwimmen, Kunst und darstellendes Spiel.

Gedruckt auf umweltbewusst gefertigtem, chlorfrei gebleichtem und alterungsbeständigem Papier.

1. Auflage 2015

Grafik: Marion El-Khalafawi
Satz: Satzpunkt Ursula Ewert GmbH

ISBN 978-3-403-23526-2

www.persen.de

Was ist Recyclingkunst für Kinder?

Basteln, Gestalten und kreatives Experimentieren lockt selbst Bastelmuffel aus der Ecke hervor. Kinder erkunden und begegnen ihrer Umwelt voller Neugierde und haben heute ein breites Wissen über Umweltverschmutzung, Recycling und Abfallvermeidung. Erste hautnahe Erfahrungen sammeln die Kinder durch unsere Mülltrennung in Tonnen und Behälter. Sie bündeln Zeitungen, Verpackungen und besorgen PET-Flaschen. Eine spannende Entdeckungsreise beginnt, vernetzt mit umweltbewusstem, fantasievollem Agieren und Handeln.

Abfall vermeiden, sammeln, umdeuten, Neues erfinden macht Spaß

Wertlos? Von wegen! Kinder entdecken zunehmend, dass man aus diesen Materialien kreative, experimentelle Kunst herstellen kann. Sie setzen sich mit diesem Themenbereich auseinander und entdecken neue, spannende Ausdrucksformen und Möglichkeiten. Während der Elternversammlung stelle ich an einem Tisch unterschiedliche animierende Bastelarbeiten aus und bitte die Eltern, Recycling-Materialien zu sammeln. Dieselbe Einführung genießen die Kinder und ich stelle die verschiedenen Behältnisse vor. Dieses aktive Sammeln ist die Voraussetzung für die vorgestellten Arbeiten.

Kinder und ihr Bewusstsein für das Recyceln

Recycling-Werkstoffe regen alle Sinne an. Jede Art von Papier hat ihre eigene Musikalität – je nachdem, ob man es knittert, knüllt, reißt oder schneidet, klingt es unterschiedlich.
Mit offenen Augen sammeln die Kinder in bereitgestellten Eimern, Kästen oder Kartons alles Erdenkliche – von Flaschenverschlüssen über Glasschraubdeckel bis hin zu knisternden Verpackungsmaterialien. Aus diesem reichen Fundus entstehen dann neue Dinge. Sammeltrieb und Sammelleidenschaft haben die Menschen seit Urzeiten - werden sie geweckt, ausgegraben und neu aktiviert, entsteht Erstaunliches.

Kreativität und experimentelles Gestalten mit Abfallmaterialien

Fingergeschicklichkeit, Ausdauer, Umdeuten, Gestalten, in die Hand nehmen, Fühlen, Bearbeiten, Schneiden, Falten – dies alles sind sinnliche Aufgaben. Alle daraus resultierenden Erfahrungen werden spontan umgesetzt, es gibt nur richtig und Erfolg, negative Ergebnisse sind nahezu ausgeschlossen. Das stärkt Kompetenzen, Selbstsicherheit, Selbstwertgefühl, sozialen Umgang sowie Teamfähigkeit in besonderer Weise. Ideenreichtum und ungewöhnliche Vorstellungen, Materialien zu verfremden und umzudeuten, lassen die Ergebnisse spannend, ungewöhnlich und auch plakativ erscheinen. Alle Beispiele in diesem Buch ließen mich immer wieder verblüfft innehalten und staunen, was Kinder zwischen 6–10 Jahren, aber auch Pädagogen, Eltern oder Praktikanten hervorbrachten.

Zielsetzung des Buches

Ich möchte alle, die mit Kindern oder jungen Menschen arbeiten und sie begleiten auffordern, sich selbst in das Abenteuer Recyclingkunst zu stürzen, die Vorschläge auszuprobieren, zu erweitern und gemeinsam Neues zu erfinden. Eine Ideenbörse der besonderen Art entwickelt sich daraus, dabei spielt die Fantasie eine grenzenlose Hauptrolle. So ganz nebenbei erkunden Kinder die unterschiedlichen Werkstoffe und die dazu benötigten Werkzeuge. Gemeinsam können wir unsere Umwelt schonen, sie sauberer halten, Müllberge verringern, Rohstoffe einsparen und Erde, Wasser und Luft entlasten.

Tipps

Handwerkszeug
Bastelschere, Schneidemesser mit Halterung (Cutter), Kinderbohrer

Papierarten
Tonpapier, Tonkarton, Faltpapier, Seidenpapier, Krepppapier, Transparentpapier, Packpapier, Tapetenrollen, Papier der Zeitung (Restrollen kostenlos), Karton, Wellpappe, Bastelfolie, Zeitschriften, Kalenderblätter, Motivpapier, Scrapbooking-Papier, Glanzpapier, Geschenkpapier, Cellophan, Alufolie

Farben
Fingerfarben, Wasserfarben, Plaka-Farben, Permanent-Marker, Textmarker, Buntstifte, Wachsfarben, Glasfarben, Stofffarben, Plakatfarben, Fingerfarben, Acrylfarben, Filzstifte, Bleistift

Klebstoff
Kleister für alle Papierarten, Kleber für Plastikmaterialien, Bastelkleber, Alleskleber, Klebestift, Bastelleim, Holzleim für Styropor (mit und ohne Lösungsmittel), Sprühkleber für größere Flächen, Klebepistolen (heiß, kalt, Niedrigtemperaturen, Klebepistolen für Kinder)

Klebstoff selbst herstellen
☺ In einem Glas mit Schraubverschluss Kleister anrühren
☺ Etwas Mehl mit Wasser zu einem Brei anrühren
☺ Gelatine mit ein paar Tropfen Wasser anrühren
☺ In einen leeren Deoroller den Tapetenkleister einfüllen und fertig ist ein Kleberoller

Klebstoff-Flecke entfernen
Den Flecken sofort mit Nagellackentferner betupfen und ausrubbeln

Bunte Briefumschläge

Schwierigkeit 1

Material

Farbige Kalenderblätter, Faltanleitung, selbstklebendes weißes Papier, Schere, Klebstoff

Und so wird's gemacht

1. Die Kalenderblätter zu einem Rechteck schneiden.
2. Aus dem Rechteck einen Briefumschlag falten:

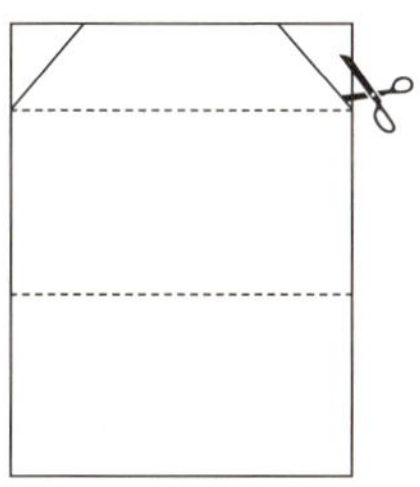

3. Die Seitenteile mit einem feinen Klebstreifen schließen.
4. Für die Anschrift selbstklebendes, weißes Papier einsetzen.

Schleuderball

Schwierigkeit 1

Material

Zeitungspapier, Krepppapier, Schnur, Holzstiel oder Stäbchen, Schere, Klebstoff

Und so wird's gemacht

1. Zeitungspapier zu einem festen Ball knüllen.
2. Diese Grundform in einem Zeitungsstück zu einem Bündel zusammenpacken und mit einer langen Schnur abbinden.
3. Am Schnurende einen Holzstiel oder ein Stäbchen festbinden, damit der Ball beim Schleudern nicht aus der Hand rutscht.
4. An der unteren Ballseite aus verschiedenfarbigem Krepppapier Streifen aufkleben, die als Flugschweif dienen.

Spiele-Tipps

☺ Wer wird Weltmeister im Schleuderball werfen? (Eine Ziellinie markieren und um die Wette werfen.)

☺ Wer schießt eine aufgestellte Büchse vom Eimer herunter?

☺ Wer wirft eine Büchsenpyramide um oder trifft in einen aufgestellten Karton?

Indianer-Stirnband

Schwierigkeit 1

Material

Dünner heller Karton oder Zeitungspapier, Schere, Klebstoff, buntes Papier, Filzstifte, Bleistift, ggf. Federn

Und so wird's gemacht

1. Papierstreifen aus Karton oder Zeitungspapier zuschneiden (etwa 30 cm lang und 3–5 cm breit).
2. Den fertigen Streifen an den Kopfumfang anpassen, dann das Band gestalten.
3. Bei der Arbeit mit Karton: Das Stirnband bemalen oder aus bunten Papierstreifen Quadrate, Dreiecke und Kreise ausschneiden und ornamentartig auf das Stirnband kleben.
4. Zur Verzierung Federn verwenden oder eigene Federn herstellen: Dazu Papierstreifen von ca. 12 cm Länge und 5 cm Breite ausschneiden und senkrecht in der Mitte falten.
5. An der offenen Seite eine halbe Feder mit Federstiel aufmalen und anschließend ausschneiden.
6. Die Feder anmalen.
7. Nun die Form dicht an dicht schräg einschneiden. Dabei muss darauf geachtet werden, dass nicht zu tief eingeschnitten wird.
8. Die Feder auffalten und an das Stirnband kleben.

Tipp

☺ Vor dem Einschneiden die Federspitze schwarz anmalen.

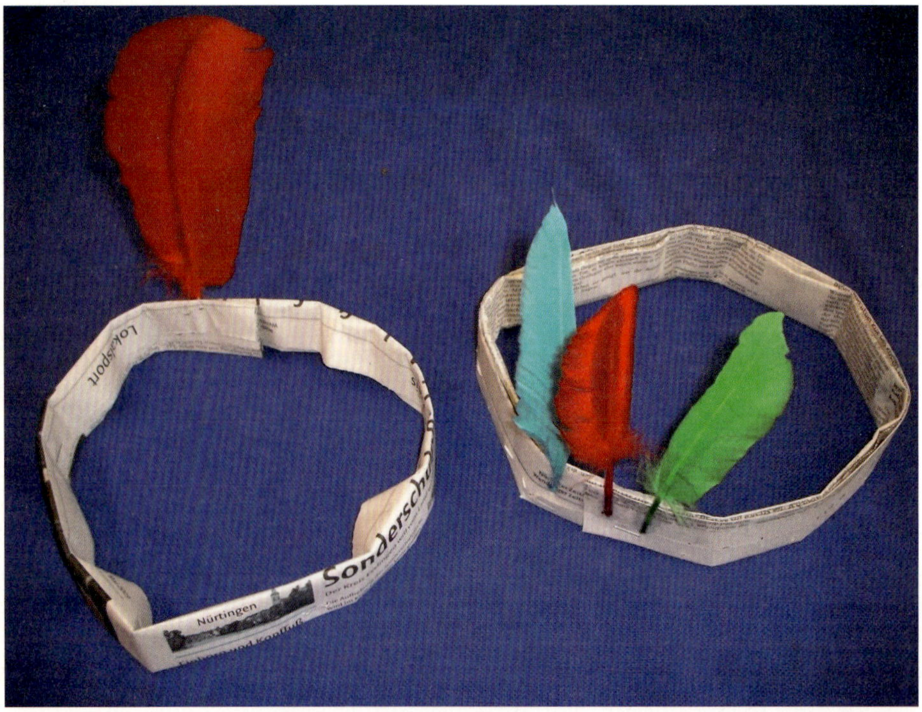

Wickel-Wal

Schwierigkeit 1

Material

Zeitungspapier, Karton, Klebstoff, Schere, kleine Trinkjoghurtflasche, Wackelaugen, rote Pfeifenputzer, evtl. Schablonen (Blatt 1)

Und so wird's gemacht

1. Joghurtflasche mit Zeitungspapier einwickeln.
2. Am Boden das Maul bilden, am Verschluss den Schwanz knüllen.
3. Auf der Bodenseite die Wackelaugen und ein großes Maul aus Pfeifenputzer ankleben.
4. Karton beidseitig mit Zeitungspapier bekleben und die große Schwanzflosse sowie die beiden Seitenflossen zuschneiden – evtl. mithilfe der Schablonen.
5. Die Ränder etwas abfalten und alles mit Klebstoff anbringen.

Varianten

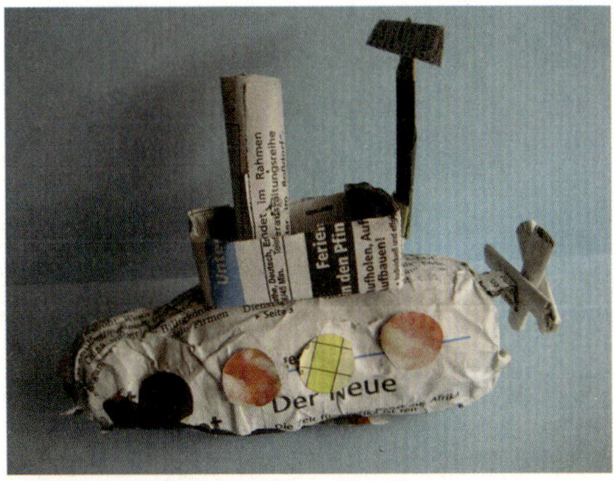

☺ U-Boot: Joghurtflasche mit Zeitungspapier einwickeln. Zeitungspapier zu einem schmalen Streifen falten, Enden ankleben und zum rechteckigen Ausguck zusammenkleben. Zwei Streifen bilden das Radar und die Schiffsschraube wird aus drei kleinen Streifen, die kreuzförmig übereinandergeklebt werden, hergestellt. Alles auf dem Schiffsoberteil und am Heck des Schiffes anbringen.

☺ Flugzeug: Joghurtflasche mit Zeitungspapier einwickeln. Ein Stück Karton beidseitig mit Zeitungspapier bekleben. Einen Flügel zuschneiden. Aus drei schmalen Streifen, die kreuzförmig aufeinander geklebt werden, entstehen die Propeller. Alle drei Propeller auf dünne, zu Röhren gerollte, Düsen aufkleben und an der Flugzeugnase und unter den beiden Flügeln ankleben.

Papier-Palme

Schwierigkeit 1

Material

Zeitungspapier, Kleister, Schere

Und so wird's gemacht

1. Doppelt gelegte Zeitung zu einer Röhre rollen und das Papierende ankleben.
2. Mit der Schere an der unteren Röhrenseite mehrmals (etwa 1 cm tief) einschneiden und Wurzeln auseinanderbiegen, um den Baum später auf einer Unterlage zu befestigen.
3. An der oberen Seite fein und sehr tief in die Röhre einschneiden (etwa 4 cm). Anschließend die Palmenblätter vorsichtig über die Schere ziehen, damit sie sich etwas einrollen.

Tipp

☺ Bäume bei unterschiedlichen Arbeiten als Dekoration einfügen.

☺ Mit farbigem Restpapier kleine Kugeln knüllen (Äpfel, Birnen, Orangen) und als Obstbäume gestalten.

☺ Aus Bäumen und Tieren einen Zoo gestalten. Dabei Einzelarbeiten auf einen Karton aufkleben und zusammenstellen oder als Gemeinschaftsarbeit bestaunen.

Zeitungsmode

Schwierigkeit 2

Material

Zeitungspapier, dicke Nähnadel, Garn, Schere, Klebstoff, Bleistift

Und so wird's gemacht

Shirt

1. Zeitungsseite mittig falten, an der Bruchkante den Halsausschnitt ausschneiden.
2. Schultern geschlossen lassen. Ärmel herausschneiden und dann schräg zu den unteren Ecken das Shirt zuschneiden.
3. Offene Seiten zusammenkleben.

Tipp

☺ Shirt zur Ritterrüstung umgestalten: Schwert und Schild aus Karton gestalten (mit Zeitungspapier überzogen).

☺ Weitere Kleidungsstücke gestalten.

Geschenktüten

Schwierigkeit 2

Material

Farbige Kalenderblätter, Faltanleitung, Schere, Klebstoff

Und so wird's gemacht

①

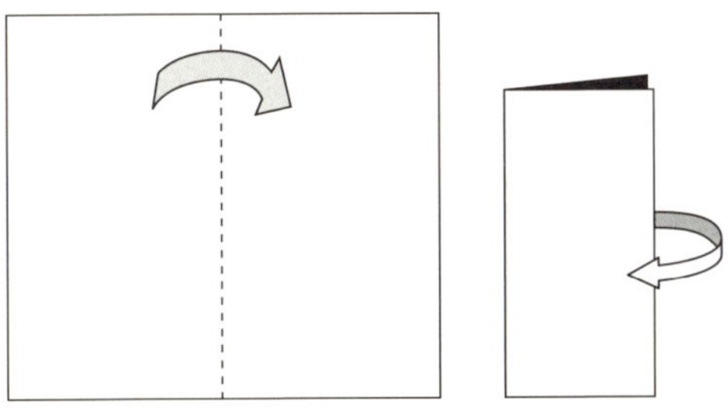

②

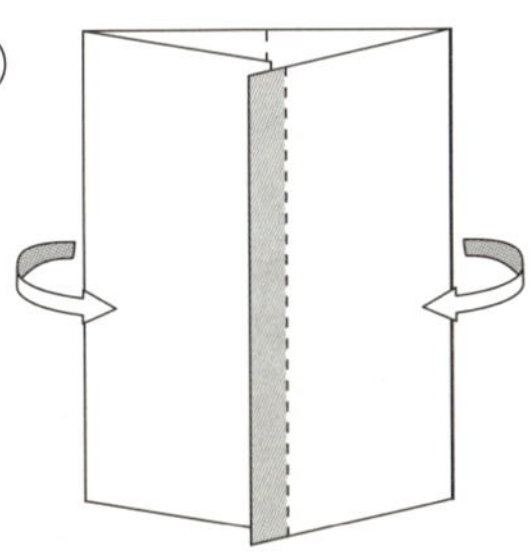

③

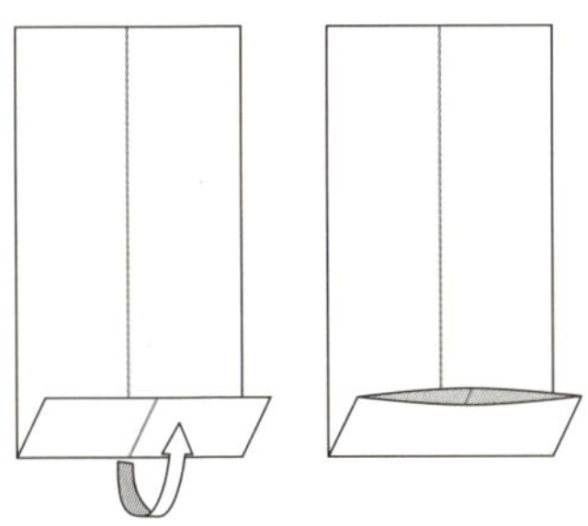

④

⑤

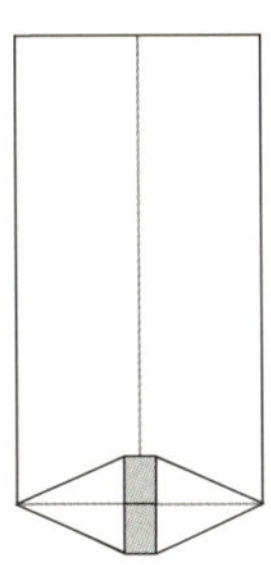

⑥

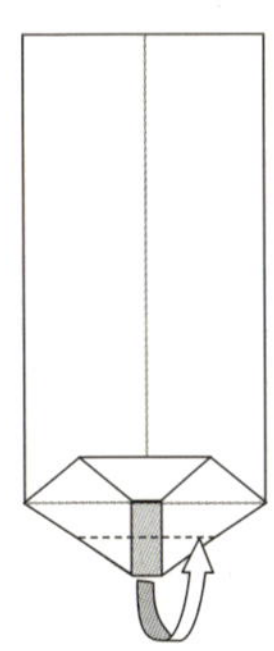

⑦

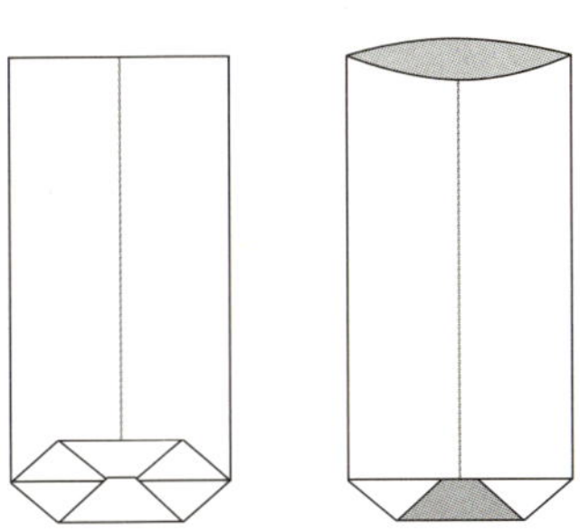

⑧

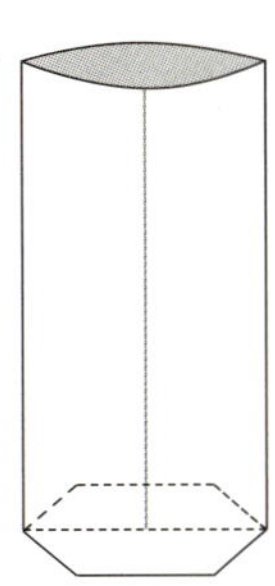

Stolzer Hahn

Schwierigkeit 2

Material

Zeitungspapier, Kleister, farbiger Rest Tonpapier, Schere, Wackelaugen

Und so wird's gemacht

1. Für Kopf und Bauch aus Zeitungspapier Bälle knüllen. Mit großem, gerissenen Zeitungspapier und Kleister Unebenheiten und Dellen überbrücken.
2. Hühnerhals und Beine bestehen aus rechteckig zugeschnittenem Zeitungspapier, das zu Röhren gerollt wird.
3. Papierende mit Kleister festkleben.
4. Röhren oben oder unten etwas einschneiden, auseinanderschieben und die Seiten als Klebefläche für die Beine verwenden.
5. Den Kopfball auf den Hals setzen, an der unteren Seite den Hals zusammendrücken und am Köper befestigen.
6. Alles gut trocknen lassen.
7. Wackelaugen aufkleben.
8. Kamm, Lappen, Schnabel und Füße aus Resttonpapier zuschneiden und ankleben.
9. Für den Schwanz einige lange Rechtecke aus Zeitungspapier zuschneiden, an der unteren Kante aufeinanderkleben, tief einschneiden und über die Schere rollen. Den Schwanz ankleben.

Tipp

☺ Am Rücken und auf dem Kopf Fäden ankleben, an einem Stab befestigen und die Marionetten tanzen lassen.

Falt-Schmetterling

Schwierigkeit 2

Material

Zeitungspapier, Geschenkpapier oder Faltpapier, Tacker, Restpapier, Wackelaugen, Schere, Klebstoff

Und so wird's gemacht

Flügel

1. Zeitungspapier zu zwei Quadraten zurechtschneiden (ca. 15 × 15 cm)
2. Quadrat mittig zum Rechteck falten, öffnen und an dieser Faltlinie auseinanderschneiden.
3. Jedes Rechteck senkrecht legen, mittig falten, öffnen und alle vier Ecken zur Mittellinie falten.
4. Nun beide Seiten zur Mitte schlagen und die beiden schmalen Hälften wie ein Butterbrot aufeinander legen.
5. Diesen Faltvorgang mit allen weiteren drei Rechtecken nachvollziehen.
6. Die vier Faltstäbe so aufeinanderlegen, dass alle Spitzen genau aufeinanderliegen und sie mittig tackern.
7. Mit dem Daumen tief in jede Spitze greifen (den Zeigefinger stützend darunterlegen) und die Blütensterne zu Flügeln auseinanderdrücken.

Körper

Restpapier zu einer Röhre rollen, Papierende festkleben, zwei Fühlerstreifen einfügen oder Körper aus Restpapier zuschneiden. Flügel auf diesen Körper ankleben.

Papier-Boote

Schwierigkeit 2

Material

Zeitungspapier, Faltanleitung

Und so wird's gemacht

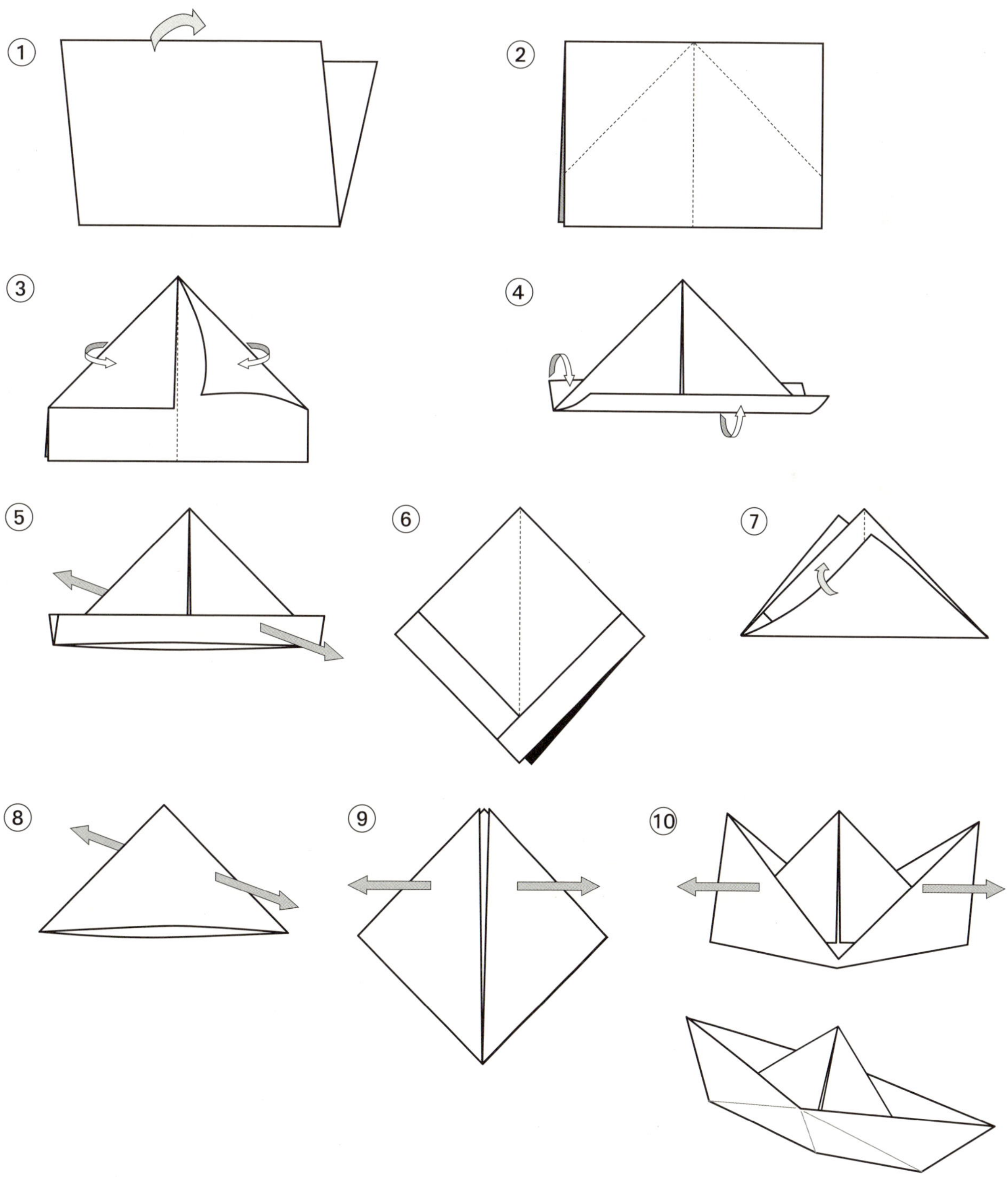

Flechtwerk

Schwierigkeit 2

Material

Zeitungspapier, Kleister, Pinsel, Schere, Karton, Glas, Bleistift

Vorbereitung

1. Einen etwa 2 cm breiten Streifen aus einer Zeitungsseite falten und diesen rollend weiterfalten, bis ein fester Flechtstreifen entsteht.
2. Für einen Korb werden mehrere Streifen benötigt.

Und so wird's gemacht

1. Auf einem Stück Karton ein Glas stellen, umfahren und diesen Flechtboden doppelt ausschneiden.
2. Drei bis vier Streifen mittig durchschneiden und diese auf den ersten Karton sternförmig aufkleben.
3. Den zweiten Kreis bündig aufkleben und der Flechtboden ist fertig.
4. Jeden zweiten Streifen senkrecht stellen bzw. waagerecht abfalten.
5. Fertiggestellten Flechtstreifen zu Ringen kleben.
6. Den ersten Ring überstreifen und diese Flechtstreifen nun waagerecht abfalten, während die anderen senkrecht aufgestellt werden.
7. In dieser Technik einen Ring nach dem anderen überstreifen.
8. Nach der letzten Runde die überstehenden Stäbe nach innen falten, in gewünschter Länge abschneiden und innen festkleben.

Tipp

☺ Einen Korb herstellen, dessen Ringe immer etwas größer werden (der Korb läuft konisch zu).

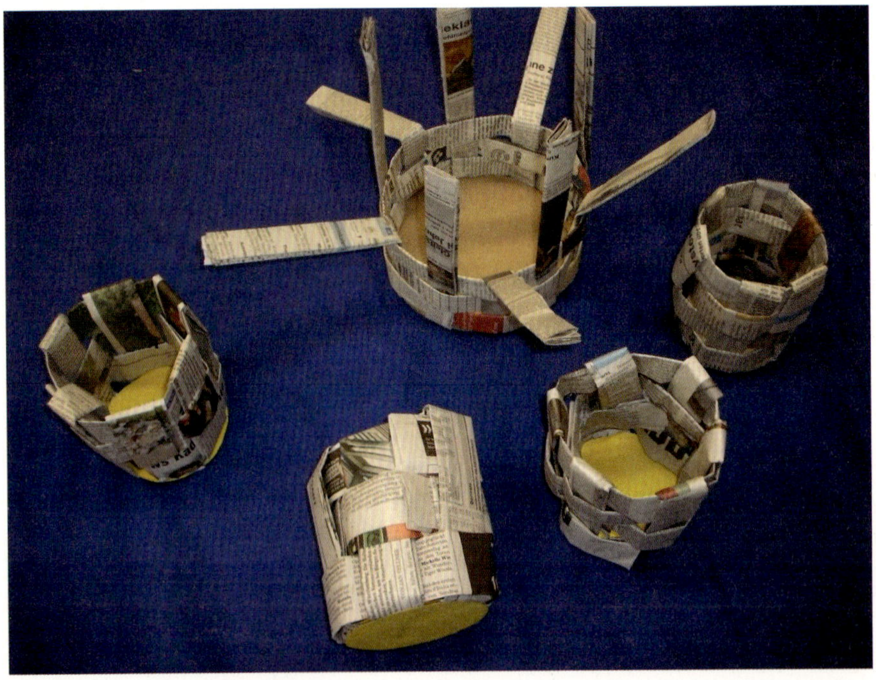

Hubi Hubschrauber

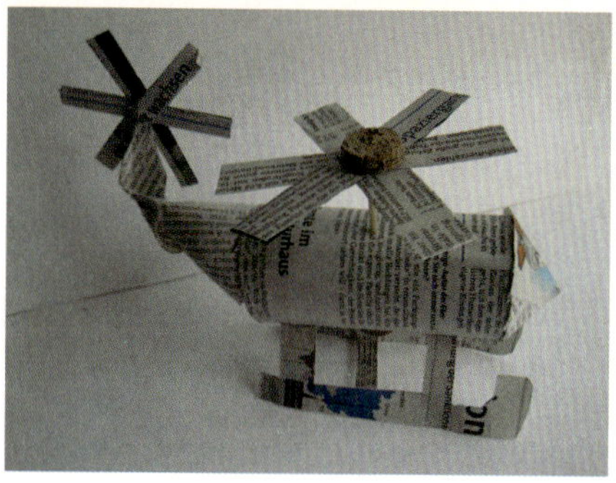

Schwierigkeit 3

Material

Zeitungspapier, Karton, Kleister, Schere, Schaschlikstab, dicke Nadel, Korkscheiben

Und so wird's gemacht

Heck

1. Doppelt gelegte Zeitung zu einer Röhre rollen und Papierende ankleben.
2. Ein Stück Karton (ca. 8 × 9 cm) beidseitig mit Zeitungspapier bekleben, mittig falten, Kufen aufzeichnen und doppelt ausschneiden.

Cockpit

3. Karton beidseitig mit Zeitungspapier bekleben. Einen größeren und kleineren Kreis zuschneiden, bis zur Mitte einschneiden, Schnittstellen übereinanderlegen, festkleben und das Cockpit-Hütchen an der Rollenöffnung ankleben.
4. Die spitze Hecktüte aufsetzen und die Spitze nach oben abfalten.

Rotoren

5. Je drei bezogene Kartonstreifen als Kreuz aufeinanderfügen und mittig mit der Nadel ein Loch durchbohren.
6. Eine Rolle falten und den Schaschlikstab durch die Rolle und Rotorenblätter führen.
7. Über den Rotorenblättern und unter dem Hubschrauberbauch die durchbohrten Korkscheiben ankleben. Dreht man den Stab unter dem Flugkörperbauch oder über den Rotoren, kreiseln diese.

Tipps

☺ Eine Toilettenrolle mit Zeitung beziehen und Überstehendes abschneiden.
☺ Zwischen den Kufen einen kleinen Stabilisierungssteg einkleben.

Schlenker-Schaf

Schwierigkeit 3

Material

Zeitung, Schälchen, Faden, Kugeln, Kordel, Papier, Farbstifte, Kleister, Pinsel, Schere, evtl. Schablone (Blatt 1)

Und so wird's gemacht

1. Doppelt gelegte Zeitung als Körper zu einer Röhre rollen und mit einem Faden umwickeln.
2. Aus Zeitungspapier größere Stücke abreißen und viele kleine Papierkügelchen knüllen.
3. Fußkugeln auf Kordeln auffädeln und mit einem Knoten absichern.
4. Körperform mit Kleister Stück für Stück bestreichen, die vier Beine einkleben und dicht mit den Papierkugeln bestücken.
5. Aus Papier einen Schafskopf mit Ohren (oder Ohren gesondert) zuschneiden und anfügen – evtl. mithilfe der Schablone.

Tipp

☺ Schafe für Bauernhof, Arche Noah, Weihnachtskrippe basteln.

Zeitungsdrache

Schwierigkeit 3

Material

Zeitungspapier, Tonpapier oder Karton, Bleistift, Kleister, Schere, Textmarker, Kronkorken, Bastelmesser, Schablone (Blatt 2)

Und so wird's gemacht

1. Festes Tonpapier oder Karton mit Zeitungspapier beziehen und mittig falten (DIN A4).
2. Mithilfe der Schablone den Drachen ausschneiden, sobald der Karton getrocknet ist.
3. Die Beine des Drachen spreizen.
4. Für die Flügel mit dem Bastelmesser einen senkrechten oder waagerechten Schlitz in den Drachenbauch einfügen.

Flügel

1. Aus einer Zeitungsseite ein Viereck (ca. 10 × 20 cm) zuschneiden.
2. Dieses zur Treppe falten und in der Mitte abknicken.
3. Auf die gewünschte Flügellänge abschneiden.
4. An den Längsseiten kleine Dreiecke herausschneiden. Den so gestalteten Flügel durch den Schlitz schieben und den Fächer auffalten.
5. Drachenspitzen, Körperform und Krallen mit einem Textmarker anmalen.
6. Kronkorken als Auge aufkleben.

Tipp

☺ Viele Drachen treffen sich im Drachenland auf einer Moos- oder Sandwiese.
☺ Garn am Rücken aufkleben und die Drachen fliegen auf und davon.
☺ Drachen an einem Ast an der Decke, einer gespannten Schnur oder am Fenster als Mobile aufhängen.

Wenn ich einmal groß bin

Schwierigkeit 1

Material

CDs, buntes Restpapier, Buntstifte, Filzstifte, Textmarker, Kleister, Garn, Band

Und so wird´s gemacht

1. Mehrere farbige Faltblätter aufeinanderlegen und im Mehrfachschnitt Kreise, die etwas kleiner als eine CD sind, zuschneiden.
2. Ebenso kleinere Kreise für die Texte (CD-Rückseite).
3. Die großen Kreise mit einer Berufsvision gestalten und auf der ungestalteten CD aufkleben.
4. Einige CDs untereinanderlegen, an Garn oder Band befestigen und nun die Textbausteine aufkleben, sodass eine CD-Kette entsteht.

Tipp

☺ Am Fenster, an der Tür, an der Decke oder an einem Ast aufhängen.

Tausendfüßler Theobald

Schwierigkeit 1

Material

CDs, buntes Restpapier, langes Filz- oder Stofftuch, Wackelauge, Pfeifenputzer, zwei Perlen, Klebstoff oder doppelseitiges Klebeband, Schere, Perlonschnur

Und so wird's gemacht

1. Aus buntem Papier den Kopf zuschneiden und mit Wackelaugen gestalten.
2. Pfeifenputzerfühler ankleben.
3. Verschiedenfarbiges Papier übereinanderlegen und im Mehrfachschnitt bunte Füße und Raupenhaare ausschneiden.
4. Füße unter die CDs kleben.
5. Raupenhaarstreifen mehrfach einschneiden, über die Schere ziehen und unter die CDs kleben.

Anordnen

☺ Auf Stoff zu einem Wandfries aufkleben oder alle CDs durch das mittige Loch zu einer Kette auffädeln.

☺ 2–5 Schnüre als Vorrichtung zum Aufhängen in der Klasse anbringen und den Tausendfüßler von der Raumdecke aufblitzen lassen.

Leo Löwe

Schwierigkeit 2

Material

CD, Knopf, Wackelaugen, Pfeifenputzer, gelbes Tonpapier, Schere, Klebstoff

Und so wird's gemacht

1. Für den Haarkranz einen Kreis aus gelben Tonpapier zuschneiden, der größer als die CD ist.
2. CD auf das Papier kleben und den überstehenden Haarkranz zur Mitte hin mehrfach einschneiden.
3. Zwei Papierkreise mit Wackelaugen bekleben, eingeschnittenen Papierstreifen als Barthaare mit Knopfnase und Papiermund hinzufügen.
4. Unter der CD den Pfeifenputzerschwanz anfügen.

Minni Maus

Schwierigkeit 2

Material

CD, Wackelaugen, Pfeifenputzer, Perle, Restpapier, Schere, Klebstoff

Und so wird's gemacht

1. CD mit Tonpapier beziehen.
2. Ohren entstehen durch zwei bis zur Mitte eingeschnittenen und zum Trichter übereinandergeklebten Kreise.
3. Zwei Papierkreise mit Wackelaugen bekleben, eingeschnittenen Papierstreifen als Barthaare mit Perlennase und Papiermund hinzufügen.
4. Unter der CD den Pfeifenputzerschwanz anfügen.

Elefant

1. CD belassen.
2. Folienkreis zuschneiden, mittig durchschneiden, an gerader Seite etwas umfalten und als Ohren aufkleben.
3. Aus zwei Kugeln große Elefantenaugen herstellen.
4. Die lange Nase aus einer Hexentreppe falten und auf der Rückseite den Schnurschwanz mit Abschlussperle anfügen.

Tipp

☺ Für einen Zoo weitere Tiere basteln und erproben.

Karpfen Karl

Schwierigkeit 2

Material

CDs, Karton, selbstklebende (Weihnachts-)Folie, Restpapier, Schraubverschluss, Schere, Klebstoff, doppelseitiges Klebeband

Und so wird's gemacht

1. CDs auf der Rückseite mit Klebeband versehen.
2. Die CDs vom Kopf her überlappend auf einem Stück Karton anordnen und aufkleben.
3. Die CDs, die als Flossen dienen, mit (Weihnachts-)Folienstreifen bekleben und unter den Fischkörper schieben.
4. Aus einem Schraubverschluss und Restpapier ein Auge gestalten und ein Fischmaul aus Folie darunterkleben.

Tipp

☺ Statt Karton den Fisch auf einer Styroporplatte aufkleben.

☺ Gemeinsam eine Unterwasserwelt herstellen.

Traumfänger

Schwierigkeit 2

Material

CD, Flaschenverschlüsse, Federn, Garn, kleine Dinge (Perlen, Knöpfe, Muscheln, Kronkorken), Schere, Klebstoff, Klebeband

Und so wird's gemacht

1. An Garnfäden kleine, leichte Wunschdinge (z. B. Kronkorken, Knöpfe, Perlen, Deckel von Stiften, Muscheln) untereinanderkleben.
2. Seitlich an die CD Federn kleben und die gestalteten Schnüre mit Klebeband an der CD befestigen.
3. Eine zweite CD von hinten dagegenkleben.

Lern-Uhr

Schwierigkeit 2

Material

CD, Stoffblüten, Schraubdeckel, Papier, Verschlussklammer, Klebezahlen, Schere, Klebstoff, Kinderbohrer oder Nagel

Und so wird's gemacht

1. Den Schraubverschluss mittig durchbohren.
2. Zwei Zeiger zuschneiden, am unteren Ende ein Loch hineinbohren, Verschlussklammer durchstecken und durch den Deckel führen.
3. Klammerflügel auseinanderklappen.
4. Diese Uhrzeigermitte auf die CD kleben.
5. Die zwölf Ziffern in der richtigen Reihenfolge aufkleben, dazwischen die kleinen Blüten arrangieren.

Tipp

☺ Anstelle der Blüten eignen sich auch Perlen, kleine Muscheln, Klebesterne, Streumaterialien.
☺ Auf die Rückseite ein Band ankleben und als Wanduhr aufhängen.

Eule Eulalia

Schwierigkeit 3

Material

CDs, Flaschenverschlüsse, Wackelaugen, Kronkorken, Pistazienschalen, Klebstift-Schraubverschlüsse, Restpapier, doppelseitiges Klebeband, Schere

Und so wird's gemacht

1. Den Eulenkörper aus mehreren CDs nachlegen (Flügel aussparen) und mit doppelseitigem Klebeband zusammenkleben.
2. Die Augen aus Schraubdeckeln, Kronkorken, Wackelaugen und Papierstreifen gestalten und einkleben.
3. Die Klebstift-Schraubverschlüsse werden zu Ohren umfunktioniert.
4. Für die Flügel zwei CDs jeweils zur Hälfte mit Pistazienschalen bekleben und CDs unterschieben.
5. Zwei Papierfüße aus Restpapier vollenden den Vogel.

Figuren-Karussell

Schwierigkeit 3

Material

CD, Flaschenverschlüsse, Perle, Federn, Garn, selbstgebastelte kleine Tiere aus Pompon, Walnussschale, Wattekugeln, Klebeband

Und so wird's gemacht

1. Obere CD Scheibe: Mittig durch CD-Öffnung Garn führen und auf der Unterseite festkleben.
2. Obere Fläche mit Flaumfedern bestücken. CD-Öffnung mit Verschluss, Perle und Garn als Aufhängevorrichtung anbringen.
3. An etwa 6 Garnschnüren die kleinen Tiere unten anbinden und sie an der Unterscheibe der CD festkleben.

Tipp

☺ Eine zweite CD bündig von unten ankleben, damit die Klebestellen nicht mehr sichtbar sind.

Mini-Schaukelpferd

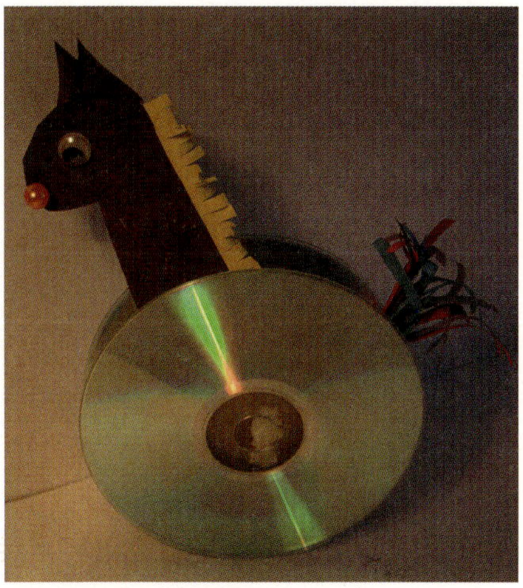

Schwierigkeit 3

Material

Zwei CDs, Papier, Klebstoff, Schere, kleine Schachtel, drei Korken, Wackelaugen, evtl. Schablone (Blatt 3)

Und so wird's gemacht

1. Aus Tonpapier den Pferdekopf und -hals doppelt zuschneiden – evtl. mithilfe der Schablone.
2. Für die Mähne einen gelben Tonpapierstreifen ausschneiden (in der Länge des Pferdehalses) und mehrfach einschneiden. Die Mähne an der Hinterseite eines Pferdehalses befestigen und den zweiten Kopf bündig dagegenkleben.
3. Wackelaugen und Perle (als Nase) anbringen.
4. Gestalteten Kopf unten am Hals etwas auseinanderfalten und am Rand einer kleinen Schachtel anfügen.
5. Aus verschiedenfarbigen, schmalen Tonpapierstreifen einen Pferdeschweif gestalten (auch aus Kordel möglich) und an eine CD anbringen.
6. Beide CDs seitlich an der Schachtel ankleben, Pferd hinstellen, anschubsen und es schaukelt wie von Zauberhand.

Tipp

☺ Alle erdenklichen Figuren und Tiere (z. B. Roboter, Schneemann) lassen sich auf diese Art und Weise herstellen.

Stifthalter Elefant

Schwierigkeit 1

Material

Dose, verschiedenfarbiges Tonpapier oder bedruckter Karton, Wackelauge, Pfeifenputzer oder Kordel, Schere, Klebstoff, evtl. Schablone (Blatt 4)

Und so wird's gemacht

1. Zuerst den Elefantenumriss aufzeichnen und als individuelle Schablone einsetzen (er sollte länger als die Dose sein, damit er vorne und hinten verschlossen werden kann) – evtl. mithilfe der Schablone.
2. Tonpapier doppelt legen und den Elefanten mithilfe der Schablone doppelt ausschneiden.
3. Büchse mit der Öffnung nach oben stellen.
4. Elefantenumriss am Hinterteil und am Kopf zusammenhalten, probeweise über die Dose stülpen, anschließend festkleben.
5. Schwanz aus Kordel oder aufgedröseltem zweifarbigen Pfeifenputzer gestalten und ankleben.
6. Stoßzähne, Ohren, Augen zuschneiden und zusammen mit einem Wackelauge anbringen.
7. Eine Satteldecke und Fußzehen aus Papier zuschneiden und einfügen.

Tipps

☺ Satteldecke aus Papier zuschneiden, bemalen, bekleben.
☺ Den Elefanten z. B. mit Stiften, Klebstoff und Schere, Salzstangen und/oder Blumen befüllen.
☺ Elefantenherde aus unterschiedlich großen Büchsen zusammenstellen.

Schaukel-Tiere

Schwierigkeit 2

Material

Cremedosen, Tonpapier, Farben, Wackelauge, Perle, Klebstoff, Schere, evtl. Schablonen (Blatt 3)

Und so wird's gemacht

Fisch

1. Aus Tonpapier die Fischform zuschneiden, der Körper muss den Deckel ganz bedecken. Schwanz und Rückenflossen dürfen über den Deckel reichen – evtl. mithilfe der Schablone.
2. Kopf mit Wackelauge und aufgemaltem Fischmaul abgrenzen.
3. Für die Schuppenreihen farbige Papierstreifen aufeinanderlegen und diese im Mehrfachschnitt mit Rundbögen zu Schuppenbändern schneiden.
4. Erste Reihe an der Rückenflosse beginnen, jede weitere Reihe überlappt die Vorgängerreihe. Kopfreihe mit den Schuppen zum Auge hin umgedreht aufkleben.
5. Überstehendes abschneiden.

Pferd

1. Dosendeckel und Boden mit Papier bekleben, umdrehen, Überstehendes abschneiden.
2. Für den Schwanz Papierstreifen einschneiden und zur Röhre rollen.
3. Schwanz ankleben.
4. Satteldecke zuschneiden, farbig gestalten, aufkleben.
5. Kopf mit Hals doppelt zuschneiden, Papierstreifen einschneiden und als Mähne dazwischen einkleben – evtl. mithilfe der Schablone.
6. Kopf und Hals aufeinanderkleben, Ohren und Hals unten auseinanderfalten und diesen ausgeklappten Klebefuß auf der Dose ankleben.
7. Augen und Perlennase aufkleben.

Schaukeln

In den Dosendeckel unten mittig einen Stein zum Beschweren einkleben.

Tipps

☺ Aus einem Band oder einer Kordel eine Pferdetrense gestalten und aufkleben.

☺ Ein Zebra oder andere Tiere gestalten.

Pinguin Paul

Schwierigkeit 2

Material

Dose, Wolle, Wackelaugen, verschiedenfarbiges Tonpapier, Klebstoff, Schere, Häkelnadel, evtl. Schablonen (Blatt 5)

Und so wird's gemacht

1. Dose mit Klebstoff bestreichen und mit stramm gezogener Wolle umwickeln (zwei verschiedene Farben verwenden).
2. Papierschnabel, Augen, Füße und Flügel zuschneiden und ankleben – evtl. mithilfe der Schablonen.
3. Wackelaugen aufkleben.
4. Wolle um die Hand abwickeln. Mittig einen Wollfaden einknüpfen. Auf der anderen Seite die Wolle durchschneiden. Die Haare gleichlang schneiden und von innen am Dosenrand als Haarbüschel einkleben.

Varianten

☺ **Bär:** Mit dünner und genoppter Wolle die Dose umwickeln. Aus Papier Ohren, Nase und Augen zuschneiden und einkleben. Am Hinterteil kleinen Wollknäuel als Schwanz ankleben.

☺ **Wuschel:** Mit der Häkelnadel Luftmaschen-Ketten aus unterschiedlich dicker und strukturierter Wolle häkeln. Auch Fingerluftmaschen eignen sich (Finger ersetzt Häkelnadel). Mit der Wolle die Dose umwickeln. Wackelaugen, Verschlussnase sowie einen Mund aus Pfeifenputzer aufkleben. Wolle um die Hand wickeln, mittig abbinden, auf der anderen Seite einmal durchschneiden und als Haare über dem vorderen Dosenrand aufkleben.

Tipps

☺ Dose mit Nüssen, Popcorn, Filzstiften, Salzstangen oder Süßigkeiten füllen.

☺ Joghurtbecher oder Blumentöpfe verwenden und einen Zoo gestalten.

Sternenhimmel

Schwierigkeit 2

Material

Blechbüchse, Kinderbohrer, Teelicht

Und so wird's gemacht:

1. Mit dem Kinderbohrer oder Stechbohrer am oberen und unteren Rand dicht aneinander Löcher hineinstechen.
2. Sternenlöcher in der Mitte beliebig anbringen.
3. Das Teelicht einfügen und der Sternenhimmel erstrahlt auf dem Tisch.

Tipp

☺ Große Dosen in dieser Technik bearbeiten und aus ineinandergeflochtenen Büroklammern einen Henkel basteln und anfügen. Am Laternestab seinen Sternenhimmel in die Nacht hinaustragen.

Giraffe Gernegroß

Schwierigkeit 2

Material

Dose, Bastelpapier, vier Brausetabletten-Röhrchen (leer), Knöpfe, Restpapier, Wackelaugen, Schere, Klebstoff, evtl. Schablone (Blatt 5)

Und so wird's gemacht

1. Dose mit der Öffnung nach hinten mit Bastelpapier beziehen.
2. Überstehendes abschneiden.
3. Ebenso den Dosenboden bekleben.
4. Giraffenhals mit Kopf zuschneiden (evtl. mithilfe der Schablone), Kopf nach vorne abfalten.
5. Röhrenhörner und Ohren aus Papier ausschneiden und anbringen.
6. Knöpfe mit Wackelaugen bestücken und im Giraffengesicht aufkleben.
7. Hals an Büchsenrundung aufkleben.
8. Die vier Brausetablettenröhrchen als Füße (mit den Deckeln nach unten) anbringen.

Tipp

☺ Knickt der Hals zu stark ab, den hinteren Teil mit einem Schaschlikstab verstärken.
☺ Die offene Seite mit einer Einladung oder einem kleinen Geschenk bestücken.
☺ Fertige Giraffe auf einen Karton kleben.

Dosen-Roboter

Schwierigkeit 3

Material

Dose, Hexentreppen, Rosettenfächer, Papierborten, Kronkorken, Papier, Pfeifenputzer, Klebstoff, Schere

Und so wird's gemacht

Hexentreppen

1. Zwei etwa 30 cm lange und 1 cm breite Papierstreifen zuschneiden.
2. Einen Streifen senkrecht, den zweiten waagrecht darüberlegen.
3. Den senkrechten Streifen nach unten, den waagerechten darüber falten. Diesen Vorgang so lange wiederholen, bis die beiden Streifen verarbeitet sind.

Rosette

1. Aus Papierstreifen Tropfenformen kleben, diese innen mit Papierkringeln ausgestalten und sechs Tropfenformen nebeneinander zur Halbrosette zusammenfügen.
2. Dose mit der Öffnung nach unten stellen.
3. Die Hexentreppen in der Mitte teilen und als Arme, Beine, Nase an die Büchse kleben.
4. Hände und Schuhe aus Papier anfügen.
5. An der Kante des Bodendeckels Flaschenverschlüsse ankleben, dahinter die Papierrosette als Haarschmuck anbringen. Schmuckbänder oben und unten anfügen.

Tipps

☺ Unter der Dose eine Überraschung deponieren.

☺ Unterschiedliche Dosen gestalten, in sie hineingreifen und ein Dosentheater vorspielen.

Frosch-Konzert

Schwierigkeit 1

Material

Eierkarton, grünes Tonpapier, Filzstifte, grüner Pfeifenputzer, grüne und blaue Märchenwolle oder Filzwolle, Schere, Klebstoff

Und so wird's gemacht

1. Eierkarton mit den Vertiefungen nach oben legen.
2. Aus grünem Papier große Froschaugen zuschneiden und die Pupillen mit einem Stift einzeichnen.
3. Je zwei Froscharme und Froschbeine aufzeichnen und zuschneiden.
4. Die Augen oben auf die Vertiefungen kleben, seitlich die Froscharme und unten Froschfüße ankleben.
5. Pfeifenputzer zu kleinen Mündern biegen und aufkleben.
6. Aus blauer und grüner Märchenwolle die Landschaft gestalten.

Krokodil Klappmaul

Schwierigkeit 2

Material

10er- und 6er-Eierschachtel, Wasserfarben, zwei Kugeln (Styropor), zwei Flaschenverschlüsse, Restpapier, Schere, Klebstoff, Wackelaugen

Und so wird's gemacht

1. Beide Eierschachteln mit den Vertiefungen nach oben legen und rundherum mit grüner Farbe anmalen.
2. Die Vertiefungen können grün, mit einer anderen Farbe ausgemalt oder so belassen werden.
3. Die Farbe trocknen lassen.
4. Seitlich auf den Schachteln Schmuck-Punkte aus Restpapier anbringen.

Maul (6er-Eierschachtel)

1. Untere Eierschachtel von innen rot ausmalen oder mit rotem Papier auskleben.
2. Zunge aus Restpapier zuschneiden. Papier über eine Schere ziehen, damit sich die Zunge etwas nach oben biegt.
3. Gelbe Zackenzähne aus Restpapier zuschneiden und am inneren Rand (Ober- und Unterkiefer) ankleben.
4. Nasenlöcher aus Flaschenverschlüssen ankleben und Kugelaugen mit Wackelaugen anfügen.
5. Die kleine Schachtel mit geöffnetem Maul an die große Schachtel kleben (geduldig sein!).
6. Farben, Stifte, Schere und Klebstoff in den Krokodil-Butler hineinstellen oder es als Schmucktier belassen.

Im Hühnerstall

Schwierigkeit 2

Material

Eierkarton, rotes Tonpapier, Restpapier, Wackelaugen oder kleine Knöpfe, Klebstoff, Schere, evtl. Schablonen (Blatt 5)

Und so wird's gemacht

1. Den Eierkartonboden vom Deckel abtrennen.
2. Vertiefungen nach oben stellen.
3. Sie mit Wackelaugen, zackig zugeschnittenem Hahnenkamm und Schnäbeln aus rotem Tonpapier bekleben – evtl. mithilfe der Schablonen.
4. Rechteckiges Papier mehrfach einschneiden, über die Schere ziehen und als Schwanz bestücken.
5. Dazwischen etwas Stroh oder Heu einfügen und sie gackern los.

Feuerwehr-Auto

Schwierigkeit 3

Material

10er-Eierschachtel, Wasserfarben, vier gleich große Deckel von Marmeladengläsern, vier Korkscheiben, vier Perlen, Korken, Plastikhülle vom Überraschungsei, zwei chinesische Essstäbchen, zwei Schaschlikstäbe, zwei Trinkhalme, Papier, Kinderbohrer, Klebstoff, Schere

Und so wird's gemacht

1. Den Eierschachteldeckel seitlich und mittig einschneiden und diesen zweiten Teil als Gepäckträger nach oben umklappen.
2. Die gesamte Schachtel rot ausmalen. Trocknen lassen.

Räder

1. Die Deckel der Marmeladengläser mittig mit einem Kinderbohrer durchbohren.
2. Eine Felge (etwas kleiner als die Deckel) aus Papier ausschneiden und aufkleben.
3. Einen Schaschlikstab durch den Trinkhalm, die Korkscheibe sowie den Deckel schieben und eine Perle aufsetzen. Die Achse unter dem Fahrzeug durchschieben.
4. Halm ankleben und das andere Rad anbringen.
5. Zweite Achse bauen und anbringen.

Leiter

1. Aus Papierstreifen Stege zuschneiden und als Sprossen zwischen die beiden Essstäbchen kleben.
2. Korken aufkleben und Leiter darüberlegen.
3. Vorne zwei Überraschungseihälften als Autoscheinwerfer anfügen.

Tipp

☺ Ein Männchen oder einen Pfeifenputzer-Menschen einsteigen lassen.

Huhu, ein Gespenst

Schwierigkeit 1

Material

Joghurtbecher, Papiertaschentuch, Wackelaugen, Perlen, Lametta, Klebstoff, Schere

Und so wird's gemacht

1. Joghurtbecher mit der Öffnung nach unten stellen.
2. Bodenoberfläche mit Klebstoff bestreichen und ein aufgefaltetes Tempotaschentuch mittig darüberlegen.
3. Augen, Nase und Haare (farbiges Lametta) aufkleben.

Tipp

☺ Geschenk unter das Gespenst legen.

Schnecke mit Becherhaus

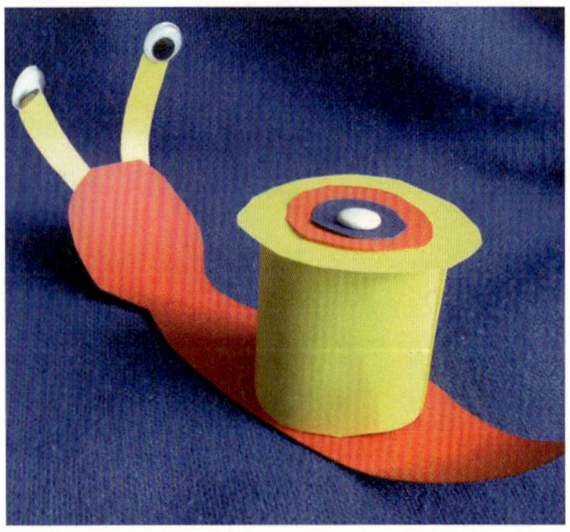

Schwierigkeit 2

Material

Joghurtbecher, Tonpapier, Schere, Klebstoff, Wackelaugen, Knopf, evtl. Schablone (Blatt 7)

Und so wird's gemacht

1. Becher mit Tonpapier bekleben.
2. Einen Tonpapierkreis als Deckel anfertigen, der größer als die Öffnung des Bechers ist. Diesen mit weiteren Kreisen und einem Knopf verzieren.
3. Aus Tonpapier einen Schneckenkörper zuschneiden, Fühler mit Wackelaugen anbringen – evtl. mithilfe der Schablone.
4. Kopf und Schwanz etwas nach oben drücken.
5. Becher als Schneckenhaus aufsetzen (mit der Öffnung nach oben).
6. Becher füllen und den gestalteten Deckel auflegen.

Tipp

☺ Auf den Deckel eine Perle aufkleben, damit der Deckel leichter abgenommen werden kann.

Flaschen-Pfau

Schwierigkeit 3

Material

Joghurt-Trinkflasche, Klebstoff, Wolle, Wackelaugen, (Weihnachts-)Folie, Holzstiele, Pailletten

Und so wird's gemacht

1. Die Flasche mit Klebstoff bestreichen und anschließend mit strammgezogener Wolle umwickeln.
2. Große und kleine Kreise aus (Weihnachts-)Folie zuschneiden und als Pfauenaugen auf das eine Ende der Holzstiele kleben.
3. In der Mitte der Kreise je eine glitzernde Paillette einfügen.
4. Holzstiele auf etwas (Weihnachts-)Folie legen und zum Pfauenrad auseinanderschieben.
5. Gegenpapier aufkleben, den seitlichen Rand abschneiden und als Schwanz am Rücken festkleben.
6. An dem Pfau Wackelaugen und einen Papierschnabel sowie halbe Holzstiele als Füße anbringen.
7. Aus der Folie ein Rechteck schneiden, mehrfach einschneiden und oben an der Trinkflasche als Kopfbedeckung befestigen.

Rudi Rennfahrer

Schwierigkeit 3

Material

Zwei Joghurtbecher, Perlen, Flaschenverschlüsse, Tonpapierreste, Kugel (Styropor), Pfeifenputzer, Filzstifte, Schere, Klebstoff, Plastikfolie, Kinderhandbohrer

Und so wird's gemacht

1. Kurz über dem Joghurtbecher-Boden Löcher für die Achsen hineinbohren.
2. Flaschenverschlüsse mittig durchbohren, auf einem Schaschlikstab ein Rad aufsetzen. Diesen Stab durch den Becher führen und an der anderen Seite das Gegenrad aufstecken. Abschließend Perle anbringen. Diesen Vorgang auch für den anderen Joghurtbecher wiederholen.
3. Beide Becher mit einem Stück Papier unter- oder innerhalb der Becher verbinden.
4. Den Autositz aus einem Tonpapier-Rechteck falten und einfügen.

Rennfahrer

1. Aus einer Styroporkugel einen Kopf mit Helm aus Pfeifenputzer und Flaschenverschluss gestalten.
2. Gesicht aufmalen und Plastikfolien-Gesichtschutz anbringen.
3. Pfeifenputzer für Arme doppelt legen und mittig in das Kopfloch stecken.
4. Hände anfalten, Bauch und Beinpfeifenputzer doppelt legen, ankleben und Oberkörper mit Papier-Röhre bekleiden.
5. Steuerrad aus Pfeifenputzer am Becherrand ankleben.

Tipps

☺ Aus Schachteldeckel und/oder Karton eine Rennstrecke bauen.
☺ Becher zuvor anmalen oder einfarbige Joghurtbecher benutzen.

Flaschenverschluss-Luftballons

Schwierigkeit 1

Material
Schraub- und Flaschenverschlüsse, Tonpapier, Filzstifte, Markierungsstifte, Klebestreifen, Bastelwatte, Wollreste, blauer Karton oder Styropor (mit blauem Stoff bezogen), Klebstoff, Schere

Uns so wird's gemacht
1. Kreise passend zu den Verschlüssen aus Tonpapier zuschneiden und aufkleben.
2. Aus Wolle eine Luftballonschnur unter dem Deckel festkleben und aus Papierresten den Luftballonhals auf die Schnur legen.
3. Deckel mit beschrifteten Wunsch-Klebestreifen aufkleben.
4. Luftballons am blauen Himmel anordnen, ausrichten und den Deckel samt Schnur festkleben.
5. Feine, flauschige Bastel-Wattewolken dazwischenfügen.

Tipps
☺ Wandbehang in Augenhöhe aufhängen.
☺ Leere Luftballons einfügen, diese dürfen die Gäste beschriften.
☺ Gute-Besserungswünsche, Glückwünsche zu einem besonderen Anlass.
☺ An die Schnur noch den Namen des „Wünschers" kleben, eventuell Überschrift-Transparent einfügen.

Korken-Baum

Schwierigkeit 1

Material
Weinkorken, Brotschneidemaschine, Karton, Klebstoff, evtl. Schablone (Blatt 6)

Vorbereitung
1. Korken in Scheiben schneiden.
2. Korken der Länge nach halbieren.

Und so wird's gemacht
1. Aus Karton einen Baumstamm mit Wurzeln und eine Baumkrone als Umriss zuschneiden – evtl. mithilfe der Schablone.
2. Aus halben Korken den Baumstamm kleben und die Scheiben in die Baumkrone dicht aneinanderkleben.

Tipp
☺ Perlen oder geknüllte Seidenpapierkugeln als Obst auf die Scheiben kleben.

Floß Kontiki

Schwierigkeit 1

Material

Korken, Papier, Schaschlikstab, ovaler Deckel, halbe Zahnstocher, Dosen-Locher, Klebstoff, Schere.

Für Kapitän: Sektkorken, Filzstifte, Restpapier.

Und so wird's gemacht

1. Korken mit dem Dosen-Locher mit Einstichlöchern versehen.
2. Die Korken mithilfe von Zahnstochern zu Türmen verbinden und diese dicht nebeneinander festkleben.
3. Ovalen Deckel mit zwei Löchern versehen, Schaschlikstab durchstecken und direkt in das Boot oder auf einen zusätzlichen halben Korken stecken.

Tipp

1. Ein kleines **Segelboot** entsteht aus einem halben Korken mit Zahnstocher-Papiersegel.
2. Ein **Kapitän** entsteht aus einem Weinkorken mit Krepppapierhaar, Zahnstocherarmen und aufgemaltem Gesicht.

Korken-Tiere

Schwierigkeit 2

Material

Korken, Pfeifenputzer, Perlen, Wackelaugen, Watte, Restpapier aller Art, Klebstoff

Und so wird's gemacht

Korken senkrecht oder waagerecht legen, sich seine Lieblingsfigur ausdenken und den Korken zum Körper umdeuten.

Varianten

- ☺ Die **Spitzmaus** aus waagerecht gelegtem Korken erhält einen Spitztütenkopf mit Kreisohren, Papierbart, Wackelaugen, Perlennase und Pfeifenputzerschwanz.
- ☺ Der **Pilz** entsteht aus einem aus einem mittig eingeschnittenen und übereinandergeklebten Kreis mit Perlenpunkten.
- ☺ Die **Hausmaus** erhält nach der Gesichtsgestaltung noch Papierfüße und einen Pfeifenputzerschwanz.
- ☺ Der **Schneemann** besteht aus zwei aufeinandergeklebten, mit weißem Papier umwickelten Korken, er erhält einen gestalteten weißen Kugelkopf mit langer Papiernase. Papierstecken, Papierhut und Pfeifenputzerwollschal hinzugeben.
- ☺ Für den **Hasen** aus Papier lange Ohren, Pfoten, Barthaare und Perlenschnuppernase aufkleben und am Hinterteil ein Watteschwänzchen anbringen.

Eine lange Schlange

Schwierigkeit 2

Material

Korken, Nadel, Faden, Perlen, Wackelaugen, Küchenmesser, Kinderhandbohrer, Papier, Schere, Klebstoff

Vorbereitung

Mit einer Brotschneidemaschine Korken in dicke Scheiben schneiden.

Und so wird's gemacht

1. Zwei Korken für Schwanz und Kopf mit dem Küchenmesser anspitzen und am Kopfteil einen kleinen Zungenschlitz einfügen.
2. In alle Scheiben mittig mit einem Kinderhandbohrer Löcher hineinbohren.
3. Im Wechsel je eine Perle und Korkscheibe mit Nadel und Faden aufreihen.
4. Zunge aus Pfeifenputzer einfügen und in den Schlitz stecken.
5. Wackelaugen aufkleben.

Der weiße Hahn

Schwierigkeit 1

Material

Mundwasser-Glasflasche, Papier, Knopf, Wackelauge, Klebstoff, Schere, evtl. Schablonen (Blatt 7)

Und so wird's gemacht

1. Flasche senkrecht stellen.
2. Auf den Knopf das Wackelauge befestigen und beides an der Flasche ankleben.
3. Einen Viertelkreis aus Tonpapier ausschneiden und als Tütenschnabel gestalten (über die Flaschenöffnung ziehen).
4. Papierlappen und zackig eingeschnittenen Papierstreifen als Kamm aufkleben – evtl. mithilfe der Schablonen.
5. Flügel zuschneiden – evtl. mithilfe der Schablonen. Flügel mehrfach einschneiden und über die Schere rollen. Seitlich anbringen.
6. Rechteckiges, schmales Papier senkrecht fein einschneiden, über die Schere rollen und fertig ist der Schwanz.

Tipp

☺ Mit anderen Osterfiguren zur Osterwiese auf Moos gestalten.

Laubfrosch Quaki

Schwierigkeit 1

Material

Kleines Glas, Krepppapier, große Styroporkugel (Kopf), Wasserfarben, zwei kleine Styroporkugeln (Augen), Wackelaugen, Pfeifenputzer, grünes Restpapier, Schere, Klebstoff

Und so wird's gemacht

1. Große Styroporkugel mit grüner Wasserfarbe bemalen und trocknen lassen.
2. Kleine Kugeln mit Wackelaugen ausstaffieren und auf dem Kopf aufkleben.
3. Froschmaul aus Pfeifenputzer anbringen.
4. Glas mit Krepppapier-Streifen umwickeln. Überstehendes nach innen schlagen.
5. Grüne Arme und Beine aus Restpapier zuschneiden und anfügen.
6. Quaki füllen, Kopf als Deckel auflegen.

Variante: Scheibenkopf

1. Ovale Gesichtsscheibe aus Restpapier zuschneiden.
2. Ebenso Froschaugen und Pfeifenputzermaul aufkleben.
3. Kopf am äußeren Glasrand ankleben.
4. Füllen.

Tipps

☺ Glasfrosch mit Scheibengesicht als Scheren oder Stifthalter.
☺ Weitere Tiere, Blumen, Käfer gestalten. Zur Erfinder-Messe einladen.

Glühlampen-Figuren

Schwierigkeit 1

Material

Alte Glühbirnen, Klebstoff, Papierreste, Woll- und Filzreste, Plakat- oder Glasfarben, Moos, Korkscheiben, Pappe, Knete (um die Figuren standfest zu machen), evtl. Schablonen (Blatt 8)

Und so wird's gemacht

Schmetterling

1. Papierflügel zuschneiden und mit Pailletten gestalten – evtl. mithilfe der Schablone.
2. Fühler aus Pfeifenputzerdraht und Perlenaugen festkleben.
3. Einen Faden zum Aufhängen ankleben.

Frosch

1. Birne bemalen, mit Froscharmen und -beinen gestalten – evtl. mithilfe der Schablonen.
2. Augen aus Papier, Knöpfe oder Wackelaugen aufkleben.

Kleiner Indianer

1. Die Glühbirne ist das Gesicht. Gesicht mit Augen, Nase, Mund aufzeichnen.
2. Auf dem Kopf Knete befestigen und Feder einstecken.

Männchen

1. Glühbirne senkrecht in etwas Knete stellen.
2. Papierarme mit Händen, Füße und Papier-Hut hinzufügen.

Tipps

☺ Figuren auf Korken oder Karton aufkleben oder mit doppelseitigem Klebeband ankleben.

☺ Figuren in Moos oder Herbstblätter stellen oder als Mobile aufhängen.

☺ Glühbirnen-Fliegenpilze, Gnome oder Zwerge im Tannenzapfenwald arrangieren.

Vogel-Karussell

Schwierigkeit 3

Material

Glas mit Schraubverschluss, Krepppapier, Korken, Messer, Kinderbohrer, Nagel, Blumendraht, Klebstoff, kleine Styropor-Kugeln, Federn, Schere, Wackelaugen

Und so wird's gemacht

1. Das Glas ohne Verschluss in Krepppapier einwickeln, festkleben und Überstehendes abschneiden.
2. Dicke Korkscheibe mittig an der Unterseite des Deckels festkleben.
3. Mit einem Kinderbohrer oder Nagel ein Loch durch den Deckel in die Korkscheibe bohren.
4. Schraubverschluss aufsetzen.
5. In einen Korken mittig und auf der runden Außenkante Löcher hineinbohren. Korken auf Deckelmitte aufkleben und Nagel einstecken.

Vögel

1 Kugel zum Kopf mit Wackelaugen und Papierschnabel ausstaffieren und am Korken ankleben.

3. Mit dem Bohrer zwei Flügellöcher eindrücken, Federn einstecken und einkleben.
4. Schwanzfedern anbringen. In jeden Vogelrücken bogenförmige Haltedrähte einstecken.
5. Haltedrähte in den vorgebohrten Korklöchern auf dem Deckel einstecken. Vögel ausbalancieren.

Der Wind lässt die Vögel um die Flasche kreisen.

Tipps

☺ Trinkhalmstück anbringen und einen Nagel einstecken. Die Vögel schweben so leichter.
☺ Vögel zu einem Mobile zusammenstellen – ein echter Ast-Blickfang.

Tiefsee-Krake

Schwierigkeit 1

Material

Feines Obstnetz, Papiertaschentuch, Band, acht Perlen, zwei Kronkorken, Pistazienschalen, Wackelaugen, Klebstoff, Schere

Und so wird's gemacht

1. In die zusammengeschweißte Netzkappe ein zu einer Kugel zusammengeknülltes Taschentuch als Kopf hineingeben.
2. Mit einem Band die untere Seite des Kopfes abbinden.
3. Am anderen Ende des Netzes mit der Schere senkrecht acht Krakenarme hineinschneiden.
4. Die Arme an der unteren Seite jeweils abknoten und mit je einer Perle versehen.
5. Aus den Kronkorken, Pistazienschalen und Wackelaugen die großen Krakenaugen gestalten und aufkleben.

Ruderboot

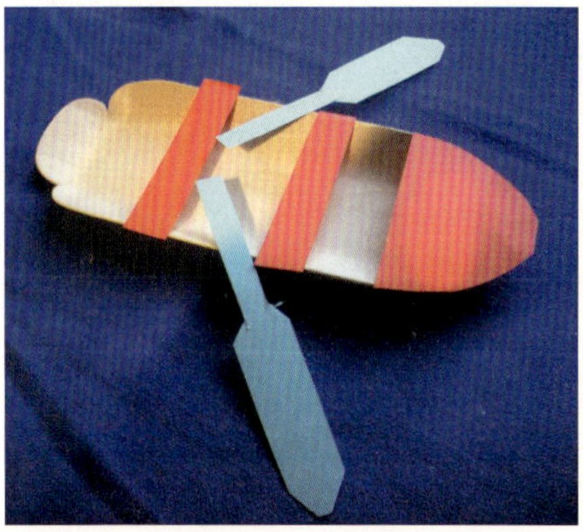

Schwierigkeit 1

Material

Verpackungsmaterial von z. B. Datteln, Tonpapier, Schere, Klebstoff, evtl. Schablone (Blatt 8)

Und so wird's gemacht

Den Bootskörper aus Verpackungsmaterial mit Papierstegen und Papierruder aus Tonpapier ausstaffieren – evtl. mithilfe der Schablone.

Tipp

☺ Aus anderen Verpackungsmaterialien wie Margarinebehältern weitere Boote bauen und schwimmen lassen.

Dekorative Garten-Schnecken

Schwierigkeit 2

Material

Styropor, Bastelmesser, Säge, wasserfeste Farben, Pinsel, Stab, evtl. Schablone (Blatt 9)

Und so wird's gemacht

1. Schneckenform mit Schneckenhaus auf Styropor zeichnen – evtl. mithilfe der Schablone.
2. Schnecke zusägen oder mit einem Messer herausschneiden.
3. An der Unterseite ein passendes Loch bohren, um die Schnecke auf den Stab zu stecken.

Tipp

☺ Stab kann auch auf einer Seite festgetackert oder angeschraubt werden.

Traktor mit Anhänger

Schwierigkeit 3

Material

Dickere Styroporplatten, Bastelmesser, Klebstoff, Schraubdeckel-Verschlüsse, Kinderbohrer, Schaschlikstäbe, Korkscheiben, Bleistift

Und so wird's gemacht

1. Styropor-Rechteck (ca. 15 × 10 cm) für den Traktor und ein kleines Quadrat (ca. 10 × 10 cm) für das Führerhaus zuschneiden und aufeinanderkleben.
2. Dünnes Rechteck (ca. 1,5 × 4,5 cm) als Traktorkamin zuschneiden und festkleben.
3. Vier Schraubverschlussdeckel mittig durchbohren und innen mit einer Korkscheibe stabilisieren.
4. Ein Rad auf den Schaschlikstab stecken, diese Achse durch den Styroporblock schieben und auf der anderen Seite das Gegenrad anbringen. Genauso mit dem zweiten Radpaar verfahren.
5. Anhängerkupplung aus Styropor ankleben.

Anhänger

1. Einen dicken Styropor-Block (ca. 15 × 10 cm) zuschneiden.
2. An der Oberseite anzeichnen, wie viel Masse herausgeschnitten werden soll. Diese mit dem Bastelmesser (schräg halten) heraustrennen, bis der Wagenrand zum späteren Füllen die richtige Höhe besitzt.
3. Räder mit Achse anbringen.

Tipps

☺ Anhängerkupplung: Aus Büroklammern zwei Fragezeichen biegen, an Traktor und Anhänger einstecken, Verbindungsschnur anbinden.

☺ Styropor klebt überall fest. Einen Staubsauger bereithalten.

Fantasie-Fisch

Schwierigkeit 1

Material
Rolle, restliches Geschenkpapier, Restpapier, Buntstifte, Buntpapier, Klebstoff, Schere, Bindfaden, Wackelaugen, Schnur, evtl. Schablonen (Blatt 10)

Und so wird's gemacht
1. Eine Rolle mit Geschenkpapier einwickeln. Überstehendes abschneiden.
2. Für den Kopf einen Kreis zu einem Trichter schneiden. Dazu den Kreis bis zur Mitte einschneiden und die Schnittstellen zu einem flachen Hut übereinanderlegen und ankleben.
3. Die Öffnung mit Klebstoff betupfen, den Kopf andrücken, Wackelaugen aufkleben und ein Maul aufmalen.
4. Hintere Öffnung mit Papier zukleben, Überstehendes wieder abschneiden.
5. Schwanzflosse, Rückenflosse und Bauchflossen zuschneiden, bemalen und ankleben – evtl. mithilfe der Schablonen.
6. Schnur anbringen und aufhängen.

Tipps
☺ Karton-Aquarium basteln und Rollenfische einhängen.
☺ Fischschuppen aus Korkscheiben, Tannenzapfenflügel, Kronkorken ankleben.

Riesenschlange

Schwierigkeit 1

Material
7–9 Rollen, Geschenkpapier, Band, Kordel oder Schnur, Klebstoff, Schere, Tonpapier, Wackelaugen

Und so wird's gemacht
1. Die benötigten Rollen für den Körper mit Geschenkpapier einwickeln. Überstehendes abschneiden.
2. Für den Kopf eine Papierrolle kleben, die in eine bereits beklebte Rolle hineingeschoben werden kann.
3. Diese Kopfrolle seitlich einschneiden und vorne abrunden, sodass ein Schlangenkopf entsteht.
4. Wackelaugen aufkleben und eine Zunge aus rotem Tonpapier einkleben.
5. Für den Schwanz eine Spitztüte kleben und in die letzte Rolle einkleben.
6. Rollen an der unteren Seite mit Band, Schnur oder Kordel mit Abstand (ca. 1 cm) zueinander verbinden.

Tipp
☺ Unter das Maul eine Schnur oder ein Band kleben und schon schlängelt sie sich durch den Raum.

Elefant Jumbinchen

Schwierigkeit 2

Material

Rolle, blaues Tonpapier, Karton, Stiftfarben, Pfeifenputzer, Kräuselband, Schere, Klebstoff, evtl. Schablone (Blatt 11)

Und so wird's gemacht

1. Rolle einfarbig bekleben. Überstehendes abschneiden.
2. Vorderansicht: Kopf mit Ohren und Torbeinen aufzeichnen, Torbeine ebenso beim Hinterteil – evtl. mithilfe der Schablone.

Gesicht

1. Augen, Mund, Ohren, Haarbüschel und Zehennägel mit Farben gestalten.
2. Pfeifenputzerrüssel aufkleben.

Hinterbeine

1. Zehennägel aufmalen und Schwanz aus Band ankleben.
2. Rollenöffnung vorne und hinten mit Klebstoff betupfen und beide Teile aufkleben.
3. Auf Standsicherheit überprüfen.

Kamel aus dem Morgenland

Schwierigkeit 3

Material

Gelbes und rotes Tonpapier, Wackelauge, Kräuselband, Pailletten, Pfeifenputzer, Perle, Märchenwolle, evtl. Schablone (Blatt 12)

Und so wird's gemacht

1. Aus gelbem Papier (ca. 13 × 6 cm) zwei hohe Papierstreifen zuschneiden und zu Rollen kleben.
2. Kamel in Seitenansicht doppelt zuschneiden – evtl. mithilfe der Schablone.
3. Den Kamelkopf beidseitig mit Wackelauge, Führungsband und Papierohren ausgestalten.
4. Satteldecke doppelt zuschneiden, mit Pailletten gestalten oder bemalen und beidseitig anfügen.
5. Beide Bein- und Höckerröhren nebeneinander auf eine Kamelform aufkleben, die zweite Form deckungsgleich auflegen.
6. Kopf, Hals und Hinterteil am Rand aufeinanderkleben, Pfeifenputzer-Schwanz mit Perle am Ende ankleben.
7. Höckerröhren oben mit etwas Märchenwolle auspolstern.
8. Trampeltierhufe ankleben.

Tipp

☺ Kamelkörper mit dünner Märchenwolle-Schicht als Fell bekleben.

Mini-Garten

Schwierigkeit 1

Material

Große Plastik-Trinkflasche mit Verschluss, Erde, gekaufte oder selbst gesäte, gezogene Pflanzen, Bastelmesser

Und so wird's gemacht

1. Flasche waagerecht legen und mit dem Bastelmesser oben eine lange, große Öffnung herausschneiden.
2. Erde hineingeben.
3. Pflanze einsetzen und angießen.

Laterne

Schwierigkeit 1

Material

Halbe Plastikflasche, Locher, Transparentpapier, Bastelpapier, Büroklammern, Schere, Kleister, Bastelmesser, Teelicht, Knete

Und so wird's gemacht

1. In gewünschter Höhe die Flasche durchtrennen.
2. Aus Transparentpapier bunte Kreise zuschneiden.
3. Sie mit Kleister bestreichen und überlappend auf die Flasche aufkleben.
4. Unter das Teelicht etwas Knete kleben (unebener Flaschenboden) und das Licht einbringen.

Henkel

1. Büroklammern ineinander verhaken.
2. In die Laterne seitlich mit dem Locher zwei Löcher hineinstanzen und Henkel einhängen.

Tipps

☺ Mit dünnem Bastelpapier bekleben, Überstehendes abschneiden.
☺ Als Tischlaterne ohne Henkel aufstellen.

Rätselhaftes Ufo

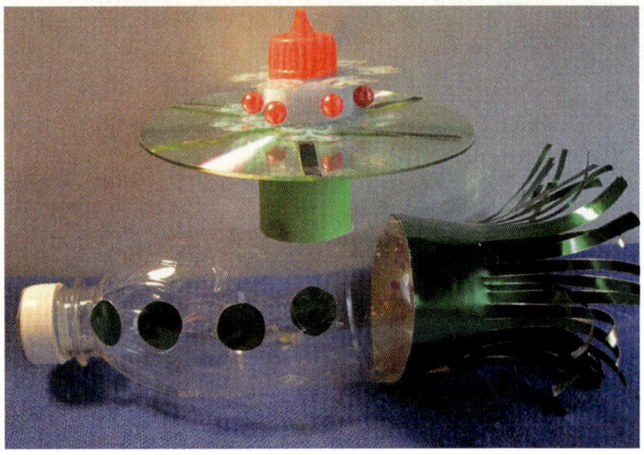

Schwierigkeit 1

Material
Plastikflasche, (Weihnachts-)Folie, Plastikdeckel, CD, Perlen, durchsichtiger Sticker oder Sterne, Klebeband oder Klebe-Knete, Klebstoff, Schere

Und so wird's gemacht
1. Aus (Weihnachts-)Folie ein Rechteck zuschneiden und mehrfach fein einschneiden
2. Um den Flaschenboden als Schweif kleben.
3. Auf die Flasche runde Fenster aus Folie anbringen.
4. Aufsatz zwischen Flasche und CD mithilfe eines Papierringes anbringen. CD mit Folienstreifen und Stern bekleben, darüber einen Flaschenverschluss mit Lichter-Perlen aufkleben.
5. Gestaltete CD auf Deoverschlusskappe aufkleben.

Tipp
☺ An der Decke Schnüre ziehen, UFOs und glitzernde Sterne in unterschiedlichen Höhen aufhängen.

Mission Mars-Erkundung

Schwierigkeit 1

Material
Zwei halbe PET-Flaschen, zwei runde Dosen oder Pralinenschachteln, Trinkhalme oder Stäbe, Verschlussdeckel, Wasserfarben, Schere, Klebstoff

Und so wird's gemacht
1. Die Schachteln anmalen.
2. PET-Flaschen halbieren.
3. Die beiden Unterteile der Plastikflaschen als Hauben auf die Schachteln setzen.
4. Trinkhalme als Achsen verwenden. Dazu die Halme durch die Schachteln stecken, aus Flaschenverschlüssen Räder basteln und unter dem Fahrzeug anbringen.
5. Kork- oder Pfeifenputzer-Männchen können im Fahrzeug Platz nehmen.

Leuchtturm

Schwierigkeit 2

Material

Plastik-Trinkflasche oder sich nach oben verjüngende Ketchup-Flasche, Honigglas-Deckel, große Flaschenverschlüsse (Bademittel, Deo-Spraydose), CD , weißes, rotes und gelbes Klebeband, Kies, Muscheln, Schere, Klebstoff, Bastelmesser

Und so wird's gemacht

1. Flasche mit Klebeband zum Leuchtturm bekleben.
2. Fenster und Tür einfügen.

Ausguck

1. Plastikverschluss des Honigglases in der Mitte etwas ausbrechen, sodass er über den Flaschenhals gestreift werden kann.
2. Zwei Schraubverschlüsse bilden die abschließende Leuchtkuppel.
3. Flasche auf CD kleben, den Rest der CD mit Klebstoff bestreichen.
4. Kies aufstreuen und kleine Muscheln darauf aufkleben.

Tipp

☺ Plastikflasche mit wasserfesten Farben zum Leuchtturm gestalten.

Sprühflaschen-Hund Fiffi

Schwierigkeit 2

Material

Sprühflasche, Tonpapier, Pfeifenputzer, Klebstoff, Wackelaugen, evtl. Schablone (Blatt 13)

Und so wird's gemacht

1. Sprühflasche senkrecht als Hundekörper aufstellen.
2. Aus Tonpapier Ohren, Vorder- und Hinterpfoten zuschneiden und ankleben – evtl. mithilfe der Schablone.
3. Pfeifenputzerschwanz am Hinterteil anbringen.
4. Wackelauge und Papierknüllnase vervollständigen den treuen Begleiter.

Urzeitlicher Säbelzahntiger

Schwierigkeit 3

Material

Plastik-Sprühflasche, schwarzer Marker, schwarzes und gelbes Tonpapier, Fellstreifen, Klebstoff, Schere, evtl. Schablone (Blatt 13)

Und so wird's gemacht

1. Aus schwarzem Papier wellige, dünne Streifen zuschneiden und als Tigerfell um die Flasche legen und aufkleben. Alternativ können die Streifen auch mit schwarzem Marker aufgemalt werden.
2. Zwei Beine in Seitenansicht zuschneiden, mit schwarzen Streifen und Krallen versehen – evtl. mithilfe der Schablone.
3. An der Längsseite etwas umfalten und ankleben.
4. Sprühverschluss zum Kopf umgestalten. Dazu Augen und spitze Tigerzähne zuschneiden und aufkleben.
5. Auf den Kopf und als Schwanz die Fellstreifen anfügen.
6. Schwanzspitze originell betonen.
7. Zwei Kreise mittig einschneiden, Schnittstellen übereinander kleben, Ohren herstellen und aufkleben.

Tipps

☺ Der drehbare Kopf kann sich nach allen Richtungen wenden.

Windmühle

Schwierigkeit 3

Material

Plastikflasche, Korken, Draht, große Federn, Perle, Tonpapier, Farben, Klebstoff, Schere, Blumendraht, Kinderbohrer

Und so wird's gemacht

Windmühlenflügel über dem Dach

1. Die Flasche zur Standfestigkeit mit Wasser füllen (Verschluss gut zuschrauben) und einen Korken senkrecht aufkleben.
2. Auf der Flasche aus Tonpapier zugeschnittene und gestaltete Fenster und Tür anbringen.
3. Aus einem Halbkreis das Turmdach kleben, über die Flasche stülpen und Spitze abschneiden (der Korken ist sichtbar).
4. Blumendraht doppelt legen, verzwirbeln, mit dem Bohrer ein Loch vorbohren und den Draht einstecken.
5. Korkscheibe mittig und am Rand mit Bohrlöchern versehen.
6. Am Rand vier Vogelfedern einstecken, diese etwas einkleben.
7. Durch das Mittelloch den Draht durchstecken und mit einer Perle oben gegen Verletzungen schützen. Die Perle drehen und die Windmühlenflügel bewegen sich.

Tipp

☺ Windmühlenflügel vor dem Haus: Windmühlflügeln wie oben vorbereiten, jedoch mit 6 Federn. Diesen waagerecht in den Flaschenverschluss einen Korken einfügen, beim Drehen dürfen die Federn nicht die Hauswand streifen.

Rentier-Blumentopf

Schwierigkeit 1

Material

Blumentopf, Übertopf, braunes Papier und Seidenpapier, Kleister, Kugel, Wackelaugen, Pfeifenputzer, Zweige, Märchenwolle, Schere, Klebstoff

Füllung

Erde, Kresse

Und so wird's gemacht

1. Blumentopf belassen oder mit Kleister bestreichen und Seidenpapier leicht geknüllt aufkleben.
2. Trocknen lassen.
3. Wackelaugen, Pfeifenputzermund und Rentiernase aufkleben.
4. Am Innenrand des Blumentopfes seitlich Papierohren anfügen.
5. Aus Pfeifenputzer oder kahlem Zweig das Geweih basteln und von innen an den Blumentopf kleben.
6. Topf mit Erde und Kressesamen füllen.

Korken-Adventsuhr

Schwierigkeit 2

Material

24 Korken, Karton, Weihnachtsfolie, Klebstoff, Pailletten, Klebesterne, Schere, Filzstift, Perlenschnur, Goldperlen, Stecknadel mit Glaskopf

Und so wird's gemacht

1. Einen Kreis aus 24 waagerecht gelegten Korken bilden.
2. Einen passenden Kartonkreis für die Mitte zuschneiden.
3. Diesen mit Weihnachtsfolie bekleben. Überstehendes abschneiden.
4. Die Korken am Rand des Kreises ankleben.
5. Einen großen Zeiger zuschneiden und mit Pailletten bekleben.
6. In der Uhrenmitte einen Korken aufkleben und den Zeiger mit Stecknadel befestigen.
7. Die Korken mit den Ziffern 1-24 beschriften.
8. Am Außenrand Goldkugeln, innen Pailletten aufkleben.
9. Zwischen Korkkreis und Uhrenboden eine goldene Kugelkette ankleben.

Tipp

☺ An die Wand in Kinderhöhe aufhängen oder in der Mitte des Weihnachtstisches platzieren.

Nikolaus-Stiefel

Schwierigkeit 2

Material

Büchse, Tonpapier, Watte, Glöckchen, Goldband, großer Stern, Korkscheibe, kleine Kugeln und Sterne, Pailletten, Klebstoff, Schere

Und so wird's gemacht

1. Büchse am oberen und unteren Rand mit Klebstoff bestreichen.
2. Mit einem rechteckigen Papier die Büchse umkleben und Überstehendes abschneiden.
3. Die Schuhsohle aus Tonpapier zuschneiden, die Büchse auf die Sohle kleben und Überstehendes abschneiden.
4. Am oberen Büchsenrand und um die Schuhsohle herum einen Klebstoffstreifen auftragen und gerollte Watte aufdrücken.
5. Glöckchen auf ein Goldband ziehen und ankleben.
6. Einen kleinen Stern auf den Schuhschaft anfügen. Mittig in den Schuhvorderteil eine Korkscheibe und einen goldenen Stern aufkleben.
7. Sternspitzen mit kleinen Kugeln bestücken, Namensstreifen einkleben und in jede Sternzacke eine Paillette einfügen.

Tipp

☺ Den Stiefel füllen und vor die Tür oder auf den Tisch als Nikolausgruß stellen.

Becher- Huhn

Schwierigkeit 1

Material

Margarinebecher, Schere, Klebstoff, Krepppapier, Tonpapier, Ostergras, evtl. Schablonen (Blatt 7)

Und so wird's gemacht

1. Von der Krepppapierrolle einen Streifen abschneiden, unten einschneiden, aufrollen.
2. Becher mit Klebstoff bestreichen, von unten nach oben den Becher umwickeln. Dabei überlappt jede Reihe die Vorgängerreihe.
3. Schnabel, Augen, Kamm ausschneiden und ankleben – evtl. mithilfe der Schablonen.
4. 2–3 Papierstreifen tief einschneiden, rollen und als Schwanz festkleben. Flügel dürfen noch dazukommen.
5. Mit Ostergras ein Nest auspolstern und füllen.

Blumentopf-Hase

Schwierigkeit 1

Material

Blumentopf, Karton, braunes Tonpapier, Schnur, Schere, Watte, Klebstoff, evtl. Schablone (Blatt 13)

Und so wird's gemacht

1. Aus braunem Tonpapier zwei große und zwei Innenohren zuschneiden (evtl. mithilfe der Schablone) und auf die Innenseite des Topfes kleben.
2. Aus schwarzem und weißen Tonpapier Augen, Pupille und Nase zuschneiden und ankleben.
3. Aus Schnur Zitterschnäuzchen anfügen.
4. Hinten ein Watteschwänzchen ankleben.

Tipps

☺ Hasen aus großen und kleinen Joghurtbechern basteln.
☺ Fertige Hasen versammeln sich auf einer Tisch-Hasenwiese mit Moos.
☺ Hasen füllen, verstecken und suchen.

Oster-Korb

Schwierigkeit 2

Material

6er-Eierschachtel, Pfeifenputzer, Restpapier, Filzstifte, gestaltete Eier, Moos, Klebstoff, Schere

Und so wird's gemacht

1. Henkel aus farbigem Pfeifenputzer biegen oder zwei Pfeifenputzer verzwirbeln und als Henkel ankleben.
2. Aus Papier kleine runde Blüten und Schmetterlinge zuschneiden, farbig gestalten.
3. Blüten und Flügel nach oben klappen, plastisch auf den Korbhenkel aufkleben.
4. Innenbereich mit Moos oder Märchenwolle ausstaffieren und gestaltete Eier hineinsetzen.

Osterglocke

Schwierigkeit 3

Material

Gereinigter Plastikblumentopf, Papier, Perlen, Sterne, Kordel, evtl. Schablonen (Blatt 13)

Und so wird's gemacht

1. Den Blumentopf mit der Öffnung nach unten bearbeiten.
2. Oben eine Schnur zum Aufhängen anbinden.
3. Aus grünem Tonpapier Blätter zuschneiden und die Schnur umkränzen – evtl. mithilfe der Schablone.
4. Band oder einzelne Blütenformen ausschneiden (evtl. mithilfe der Schablone), an der geraden Seite etwa 1 cm abfalten, einschneiden und an den, mit Klebstoff versehenen, Innenrand festkleben.
5. Staubgefäße aus lang eingeschnittenem, gelben Papierstreifen zur Röhre rollen und zusammenkleben, an der anderen Seite etwas einschneiden und am Innenboden festkleben.
6. Den Topf nach Belieben mit Perlen, Pailletten, Papierpunkten oder Sternen ausstaffieren.

Zeitungslauf

Schwierigkeit 1

Material

Geöffnete Zeitungsseite

Und so wird's gemacht

1. Alle Läufer stellen sich an der Startlinie auf, halten das geöffnete Zeitungsblatt vor den Bauch.
2. Auf ein Startzeichen losrennen, Arme nach oben halten und das Ziel erreichen, ohne seine Zeitungsseite zu verlieren.

Fuß-Tast-Kisten

Schwierigkeit 1

Material

Bananenkartons, Füllmittel wie Sand, Kronkorken, Watte, Baumrinde, Steine, Splitt, Papier, Korken, Kastanien, Blätter

Und so wird's gemacht

1. Gemeinsam die Kisten mit unterschiedlichen Materialien bestücken.
2. Zuerst mit Händen tasten und fühlen.
3. Dann mit Strümpfen durchlaufen und zuletzt als Barfuß-Weg erspüren.

Sich dabei nirgends festhalten, auch nicht am Vorausgehenden! Überholen ist nicht erlaubt. Hinterher verschüttete Materialien wieder einsammeln und in die Kisten geben.

Tipps

☺ Verschiedene Gruppen bestücken ihre Kisten unterschiedlich. Sich diese gegenseitig ausleihen und erproben.

☺ Auch Gäste, Pädagogen und Besucher dazu einladen, ein oft neues Gefühl wird entdeckt.

Deckel-Memo

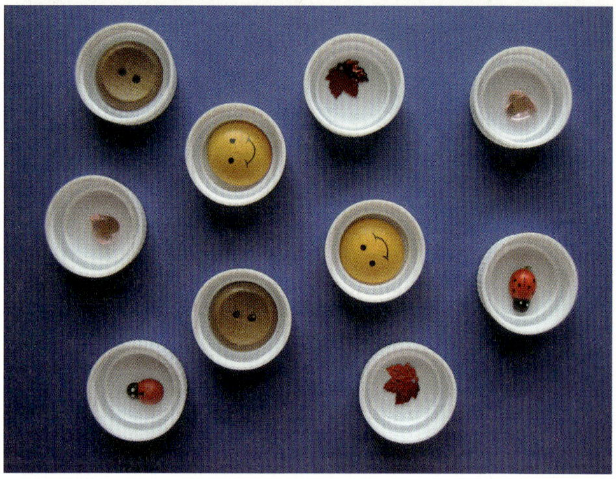

Schwierigkeit 1

Material

Schraubverschlüsse, paarweise Dinge zum Sehen und Fühlen, Klebstoff

Und so wird's gemacht

1. In die Vertiefungen der Innenseite paarweise kleine, flache Dinge einkleben.
2. Alle verdeckt auf den Tisch legen.
3. Immer zwei umdrehen.

Sind es Paare, können sie behalten werden. Sind es keine Paare, müssen sie wieder verdeckt auf den Tisch zurückgelegt werden.

Tast-Memo

Schwierigkeit 1

Material

Gleichgroße Schraubverschlüsse von Gläsern, paarweise gut tastbare kleine Gegenstände, Papier, Schere, Klebstoff

Und so wird's gemacht

1. Farbiges Papier aufeinanderlegen, Innenkreise zuschneiden und in die Deckel hineinkleben.
2. Paarweise Dinge einkleben: z. B. Muschel, Bonbon, Watte, Knopf, Styropor, kleine Wäscheklammern, Garn, Pfeifenputzer, Nugget.
3. Gut trocknen lassen und spielen.

Spiele

☺ Mit Fingerspitzen unter zwei Teile greifen, tasten, benennen, umdrehen und kontrollieren.

☺ Von jedem Paar einen Spielstein in einer Reihe offen vor sich hinlegen. Am Tischrand die Restspielsteine nacheinander reihen, ertasten und ohne diese umzudrehen auf den offenen Spielstein auflegen. Am Spielende jedes Paar umdrehen, kontrollieren, unrichtige Paare erneut mischen und das Spiel fortsetzen.

Ringe werfen

Schwierigkeit 2

Material

Eierschachtelboden einer 12er-Eierschachtel, Wasserfarben, Papier, Filzstift, Pfeifenputzer, Schere, Klebstoff

Und so wird's gemacht

1. Den Boden der Eierschachtel am Rand und die Vertiefungen farbig bemalen.
2. Oben auf den Vertiefungen kleine Kreise mit Wurfpunkten ankleben.
3. Aus Pfeifenputzer Ringe formen, die Enden verzwirbeln, ausrichten und aus vorher vereinbartem Abstand das Ringe werfen beginnen.

Tipps

☺ Papier und Bleistift bereitlegen und errungene Punkte notieren.
☺ Jeder Spieler erhält fünf Ringe in einer bestimmten Farbe.

Wurfspiel mit Dosen

Schwierigkeit 3

Material

Büchsen, Papier, Schraubverschluss, Alufolie, Pappe, Stift, Klebeband, Klebstoff, Schere

Und so wird's gemacht

1. Die benötigten Büchsen nebeneinander oder kreisförmig auf einen Karton stellen, diesen umfahren und die Unterlage großzügig zuschneiden.
2. Unterlage und Büchsen mit Papier beziehen. Überstehendes abschneiden.
3. In jeden Büchsenrand die auf Klebeband notierten Punktezahlen ankleben.
4. Die Büchsen so auf die Unterlage kleben, dass sie sich nicht berühren.
5. Kleine Bälle aus Alufolie zerknüllen und in Schraubverschlussdeckeln sammeln.
6. Jeder Spieler erhält ein Blatt Papier, um seine erzielten Punkte zu notieren und diese am Spielende zusammenzählen.

Tipps

☺ Goldpapierkrone basteln, der Sieger darf sie während der nächsten Spielrunde aufsetzen.
☺ Abstand vergrößern oder mit größeren Alu-Bällen spielen.

Schablonen – Blatt 1: Wal-Flossen, Schafskopf

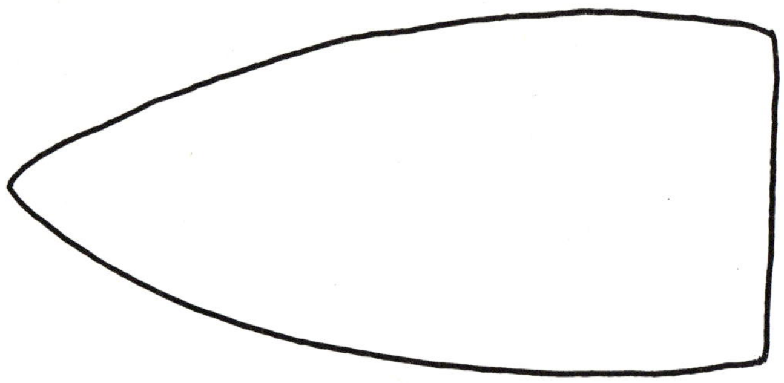

Seitenflosse

Schwanzflosse

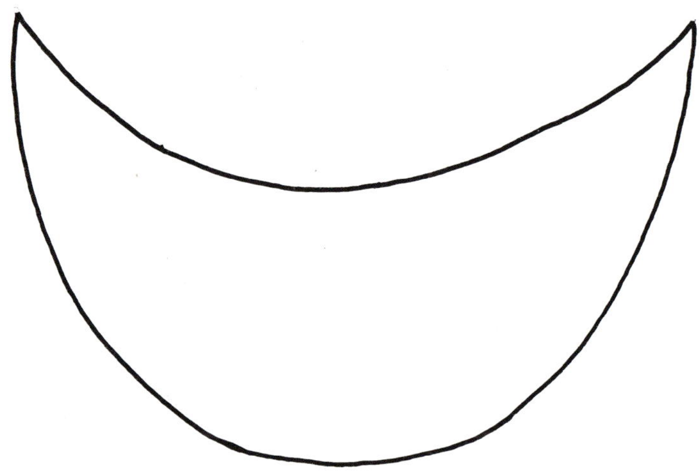

Schafskopf

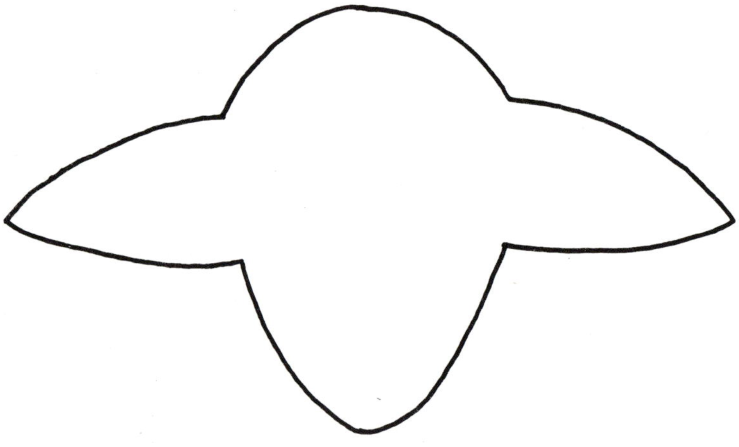

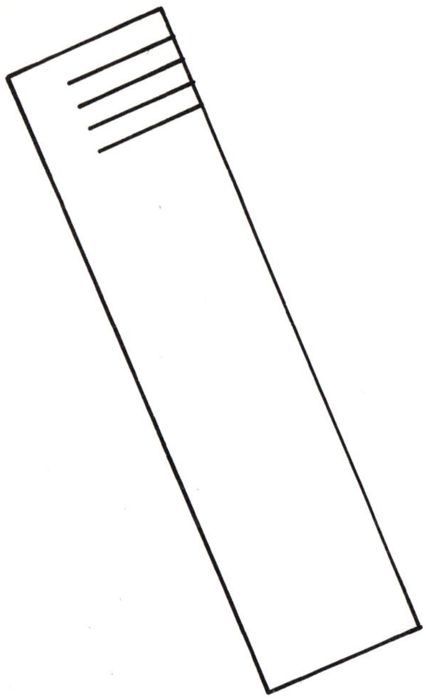

Pferdehals

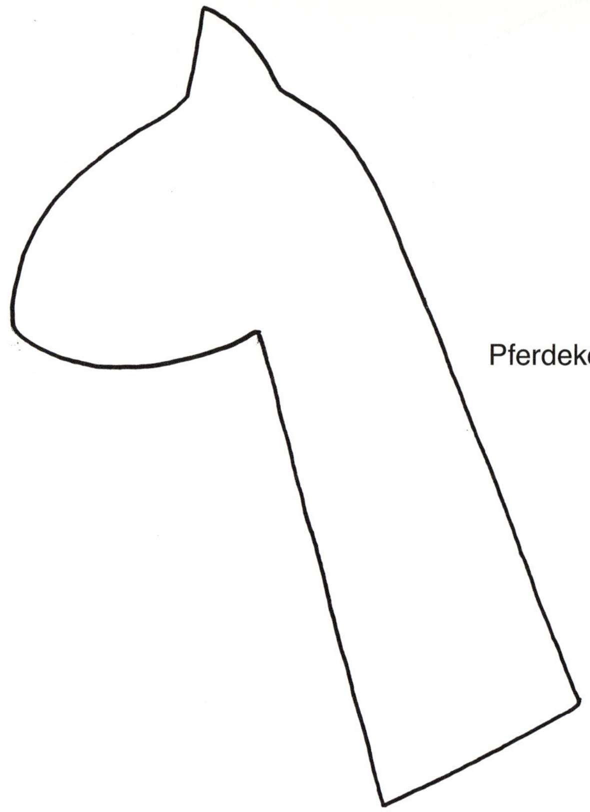

Pferdekopf

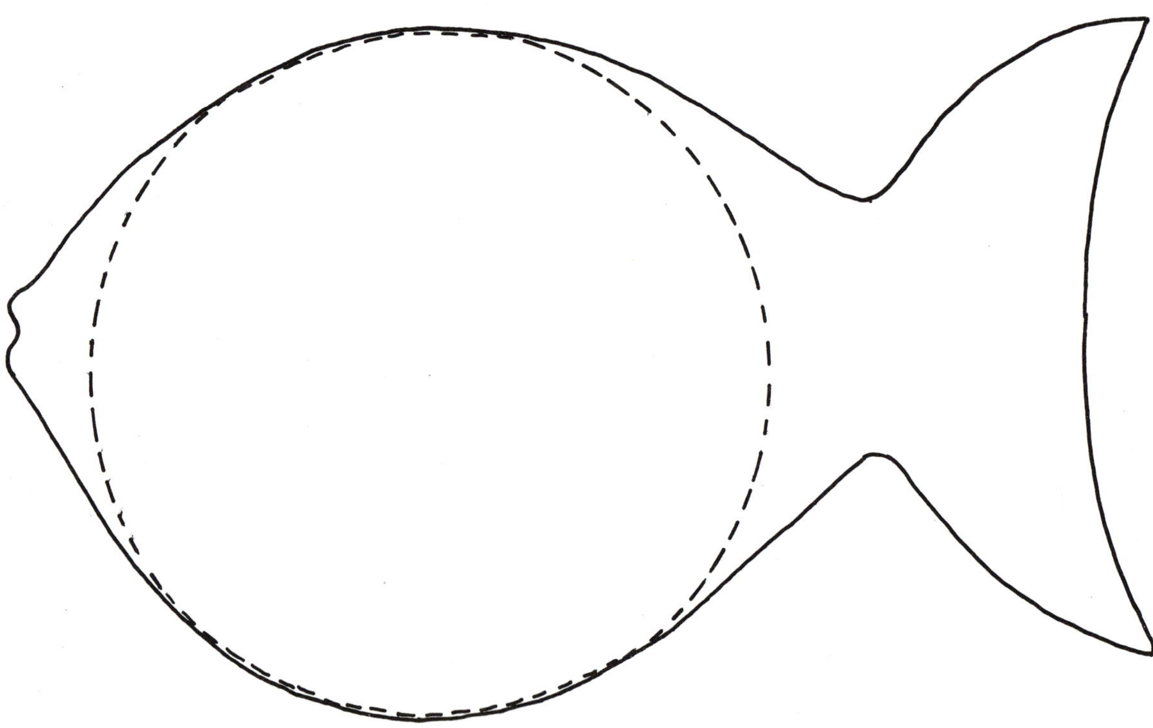

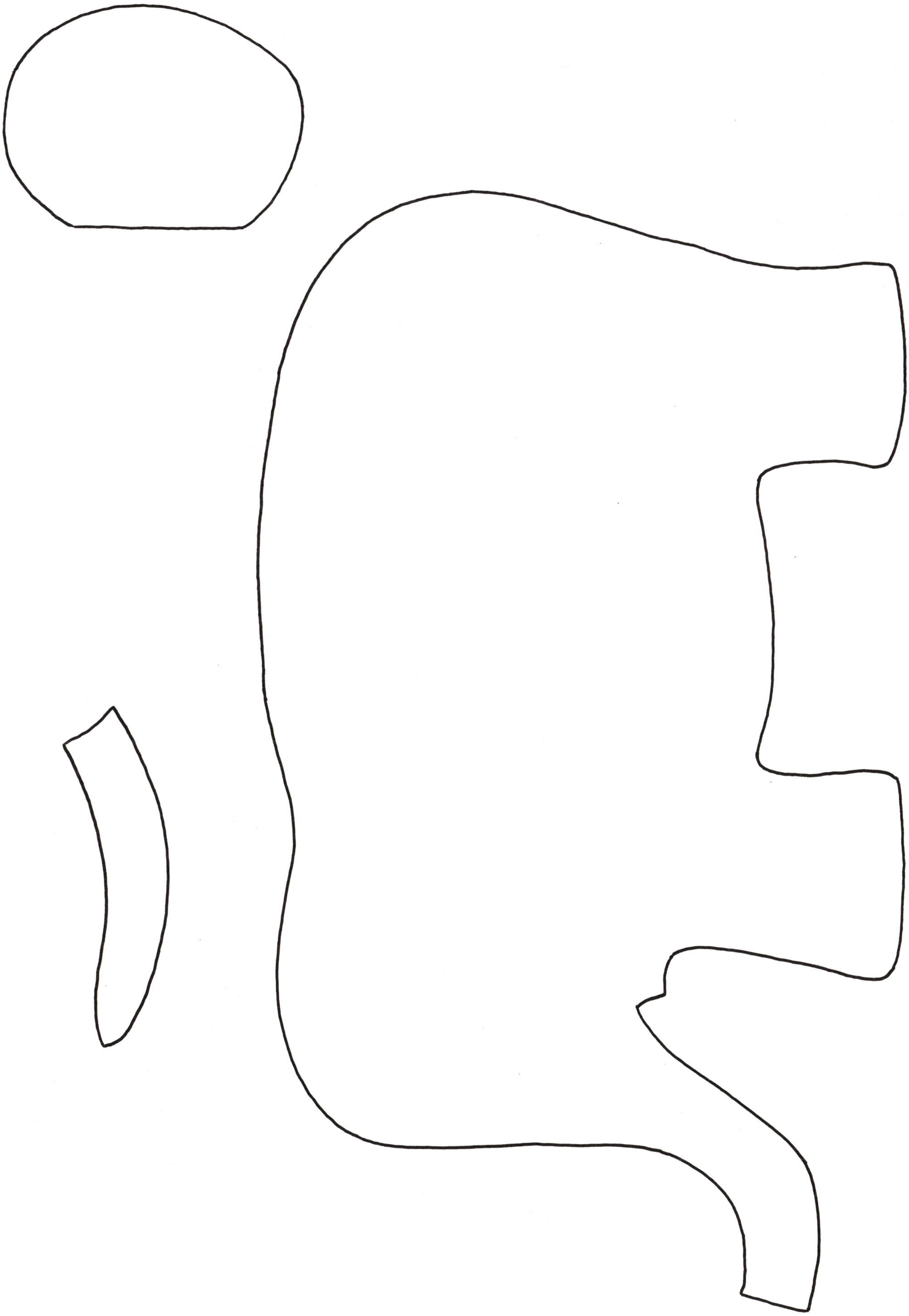

Pinguinflügel

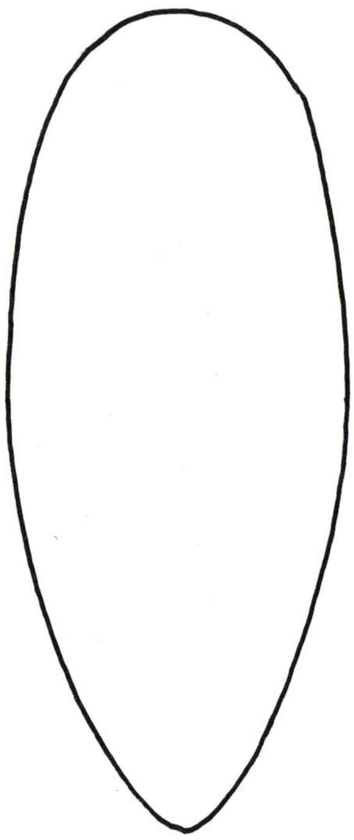

Pinguinfüße

Giraffenhals

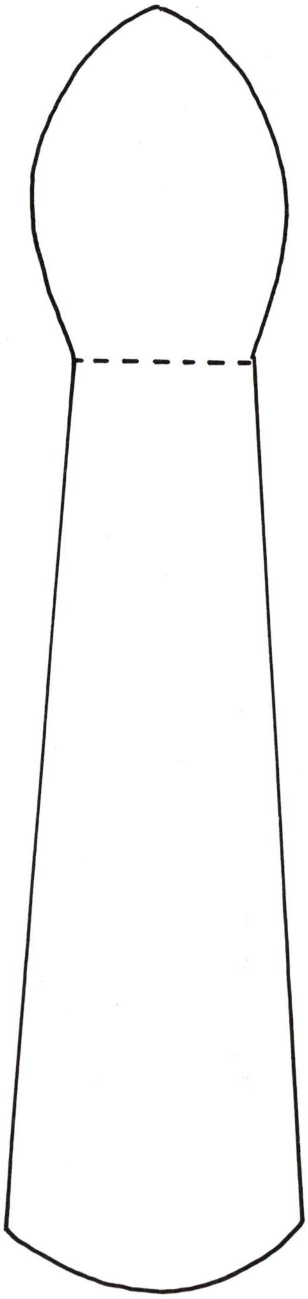

Hühner- und Pinguinschnabel

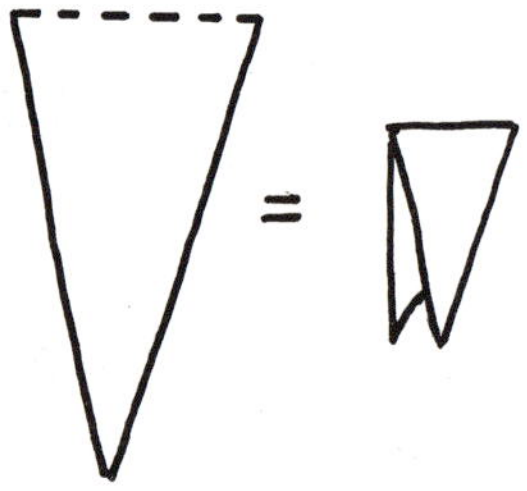

Hühnerkrone

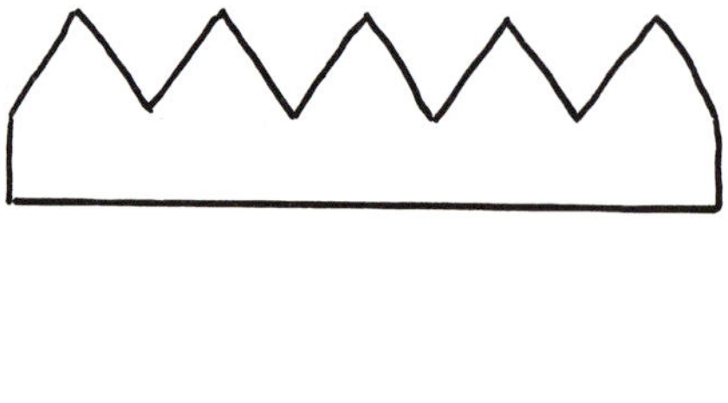

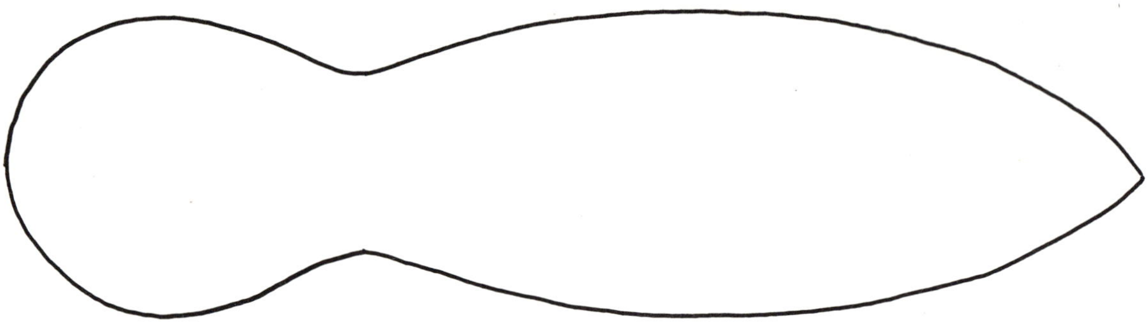

Schneckenkörper

Schneckenfühler

Hahnenkamm

Hahnenlappen

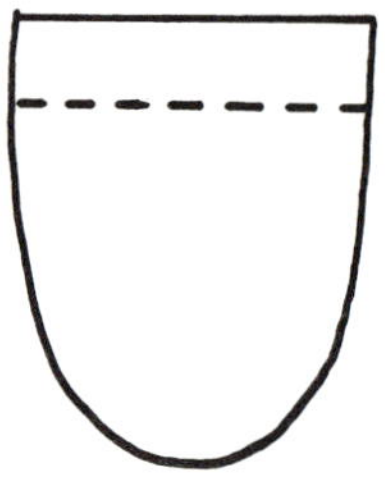

Hahnenflügel 1

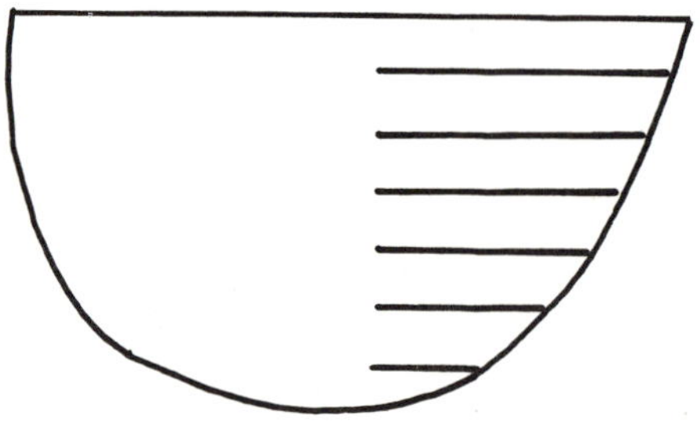

Hahnenflügel 2

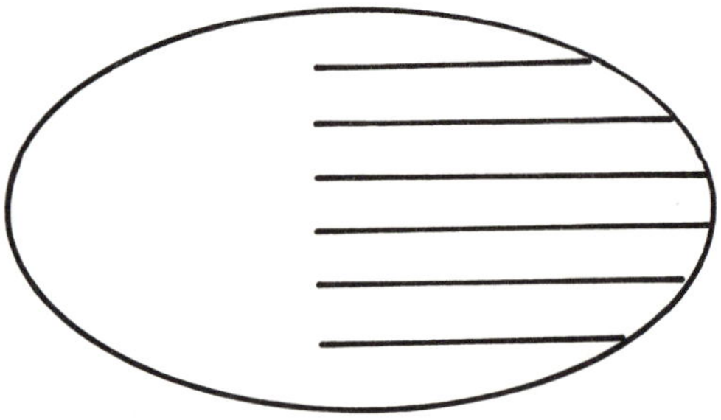

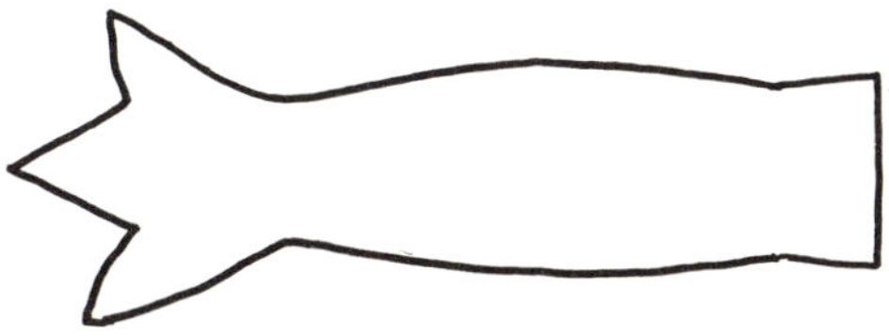

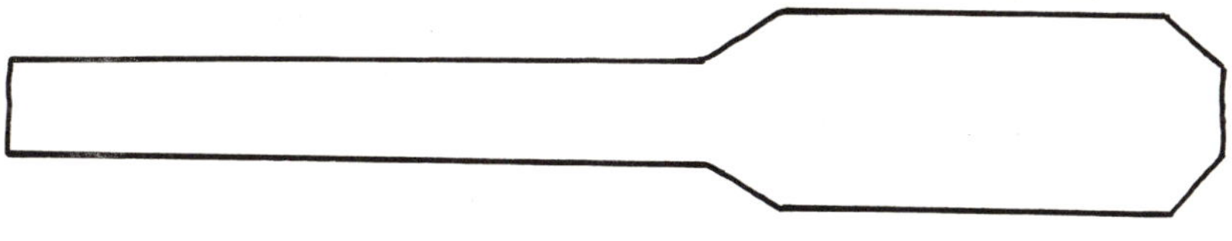

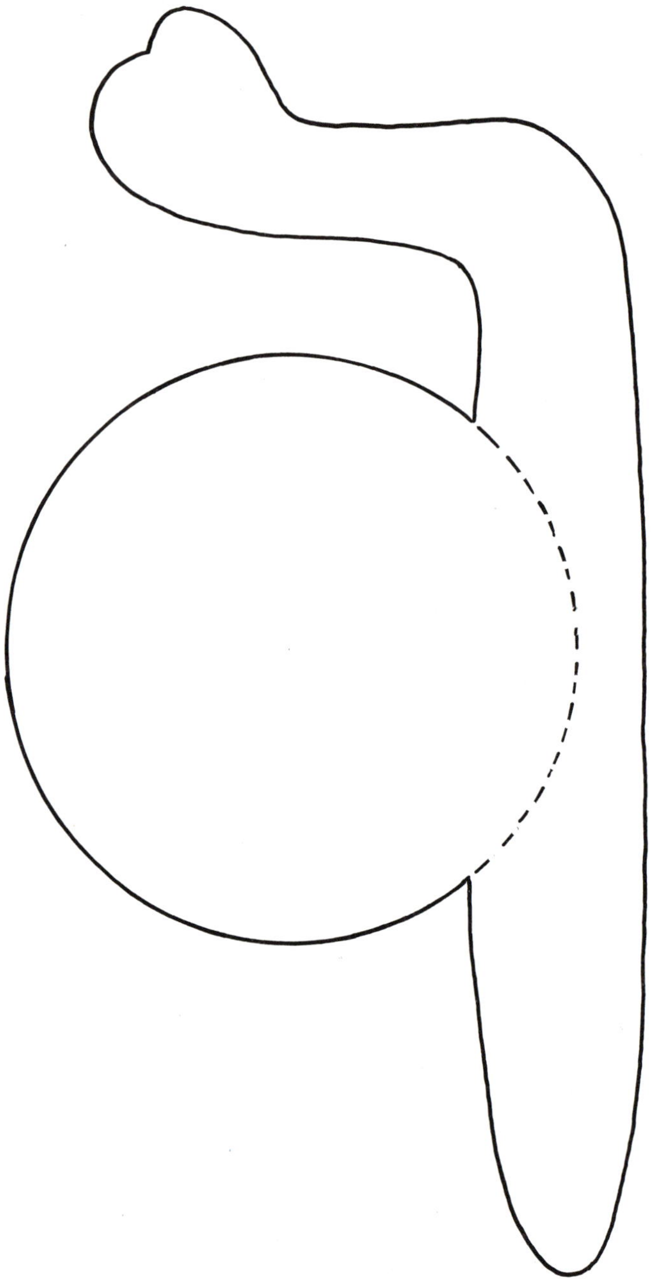

Schablonen – Blatt 10: Fantasie-Fisch

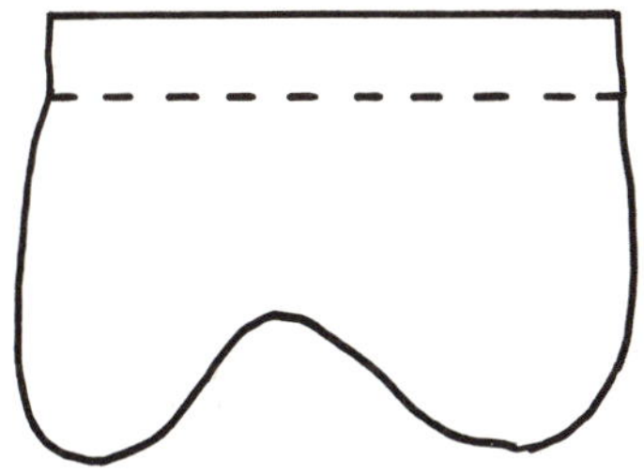

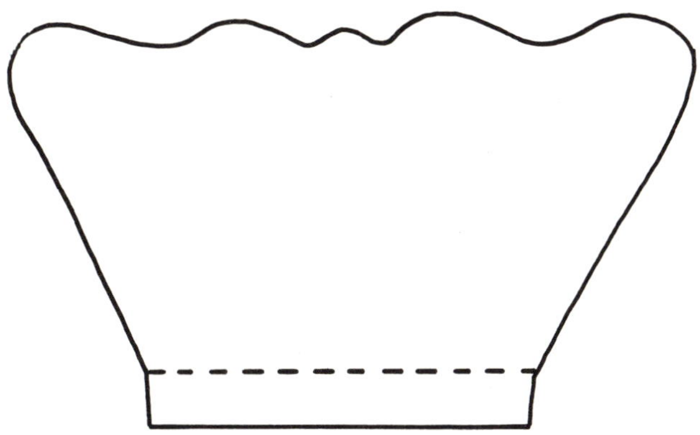

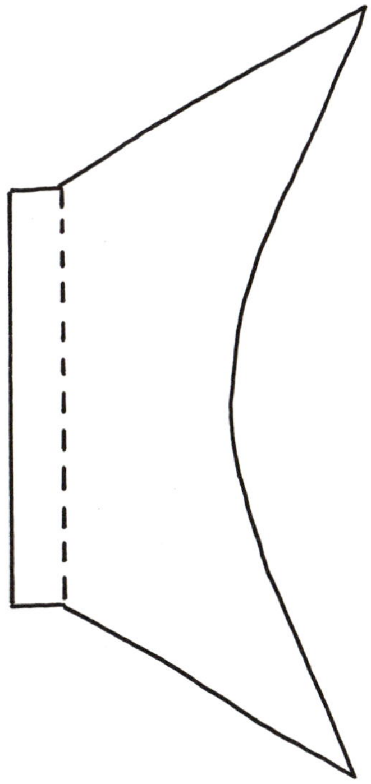

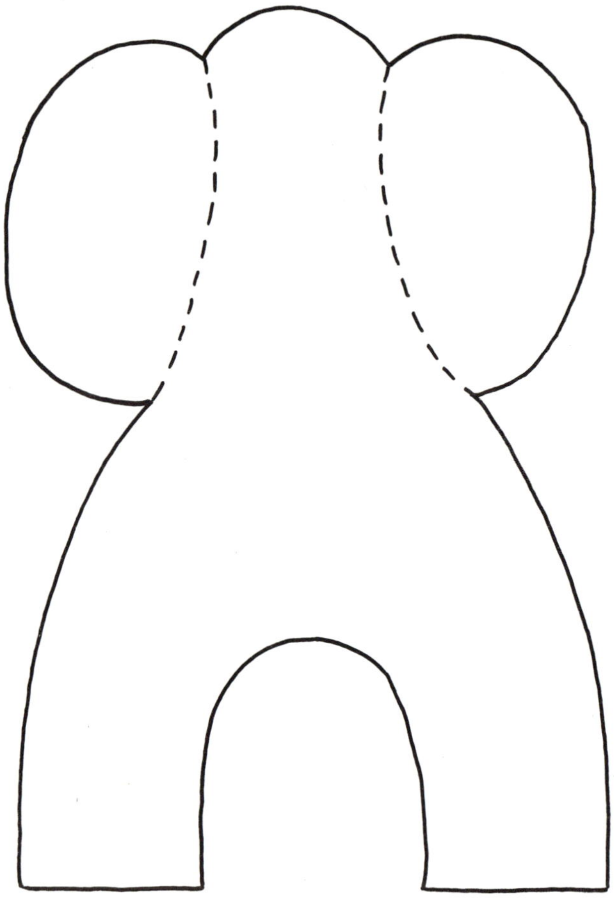

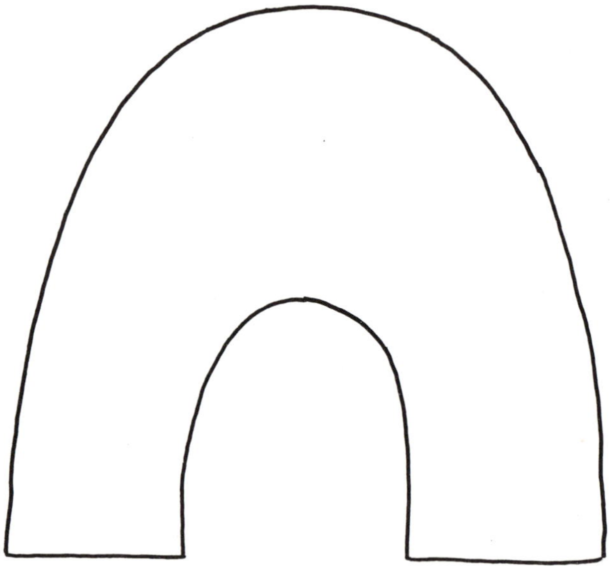

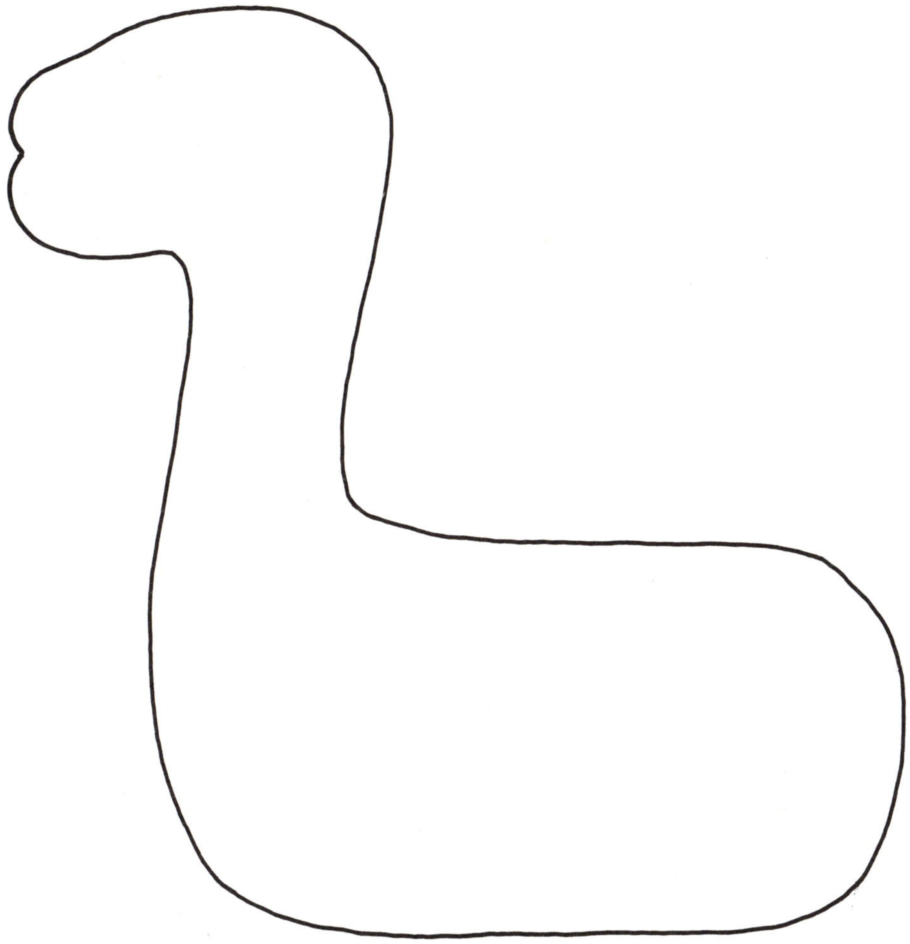

Kamelhufe

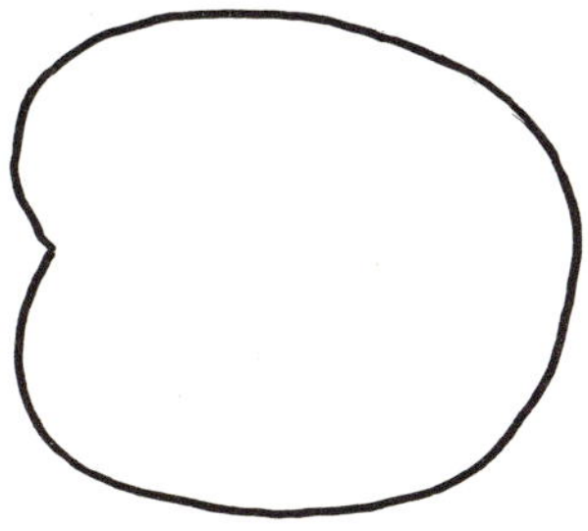

Kamelohren

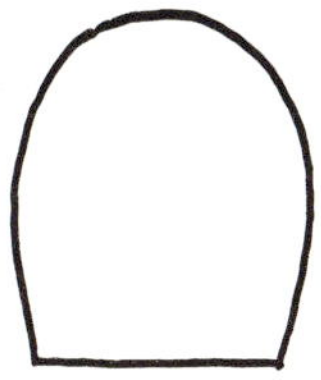

Satteldecke 1

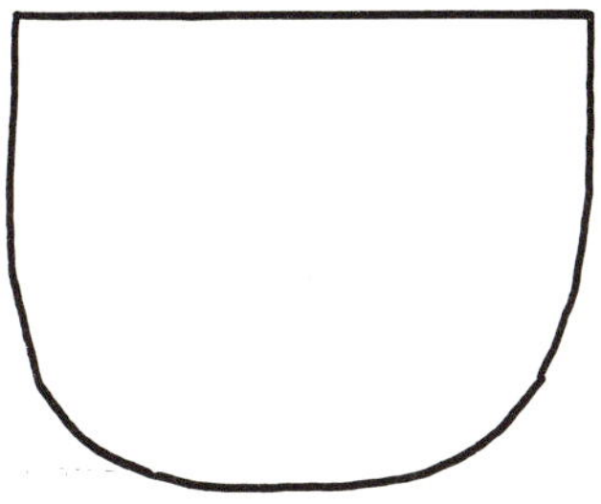

Satteldecke 2

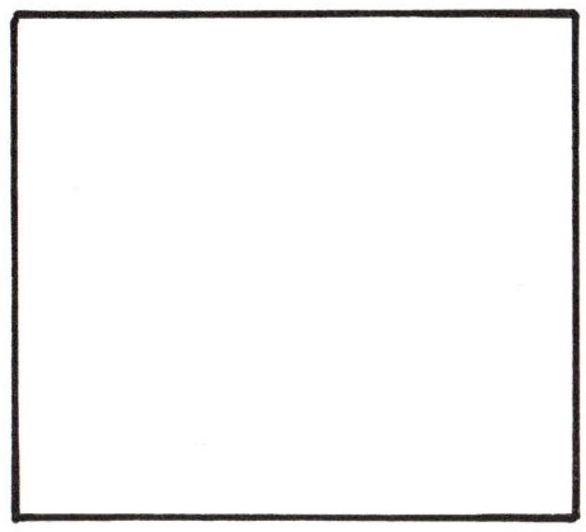

Schablonen – Blatt 13: Hund, Säbelzahntiger, Blumentopfhase, Osterglocke

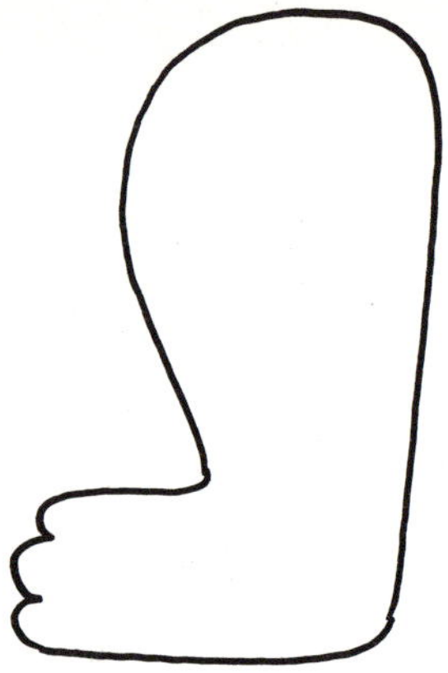

Hunde-Hinterbeine

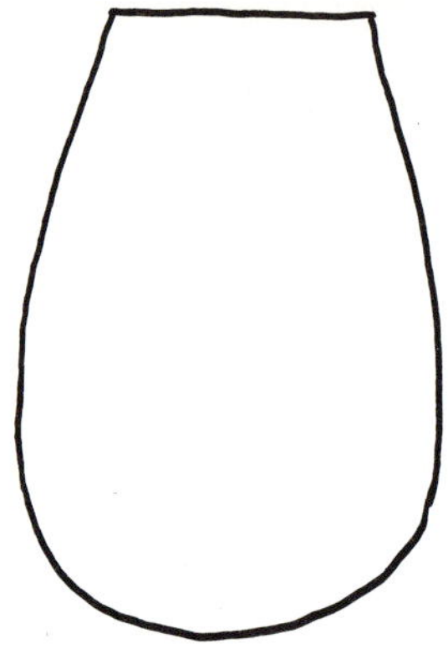

Hunde-Ohren

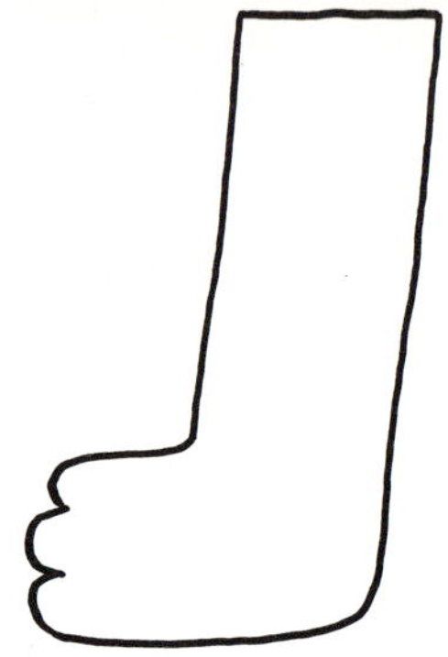

Hunde-Vorderbeine

Säbelzahntiger-Beine

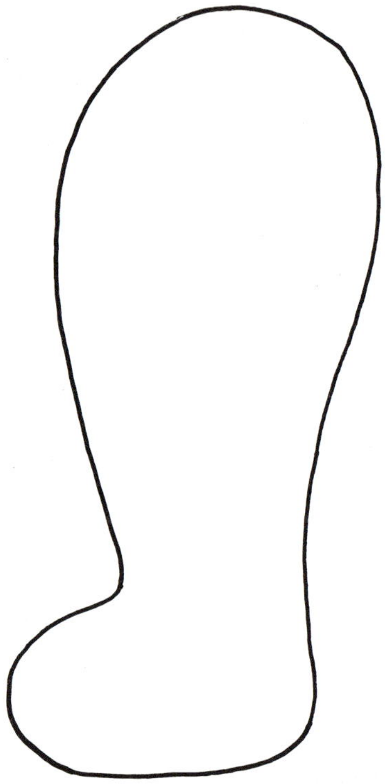

Augen

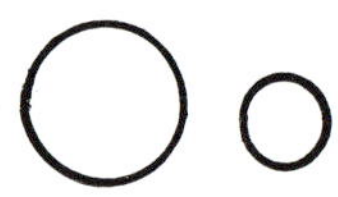

Hasenohren

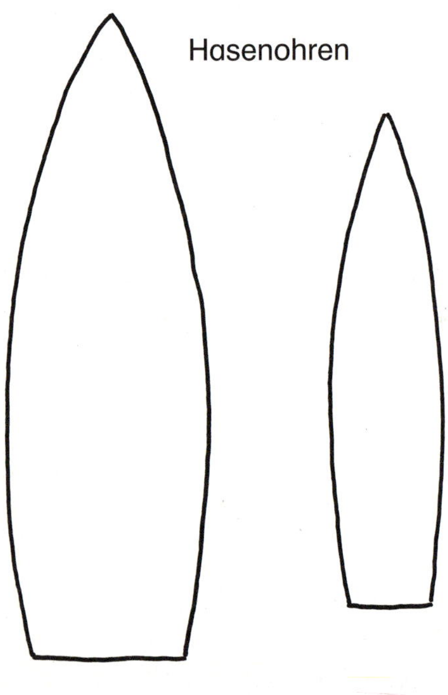

Blüten Osterglocke

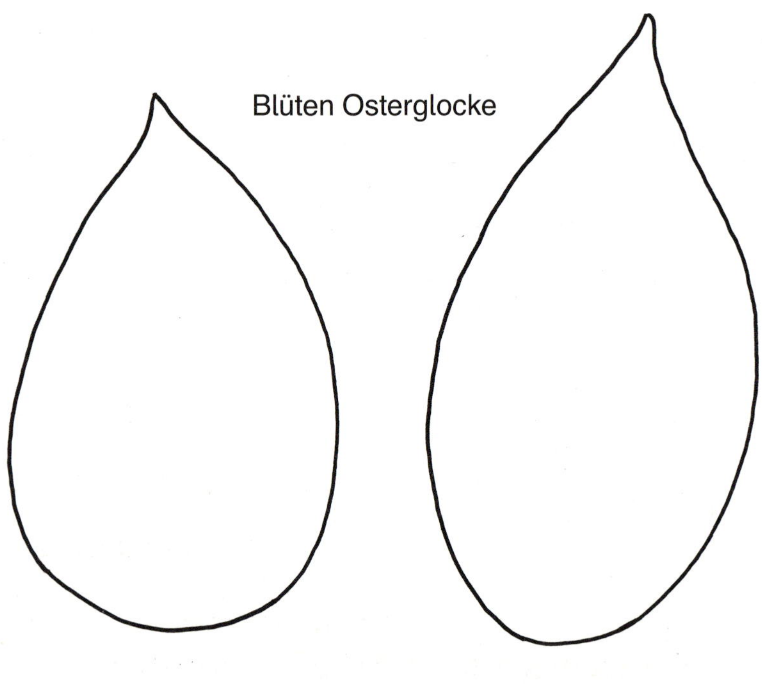